2021年第2辑（总第10辑）

对外经济贸易大学金融学院　编

中国金融出版社

责任编辑：黄海清
责任校对：刘　明
责任印制：陈晓川

图书在版编目（CIP）数据

金融科学.2021年.第2辑／对外经济贸易大学金融学院编.—北京：中国金融出版社，2021.11
ISBN 978-7-5220-1293-3

Ⅰ.①金… Ⅱ.①对… Ⅲ.①金融学—文集 Ⅳ.①F830-53

中国版本图书馆CIP数据核字（2021）第171116号

金融科学.2021年.第2辑
JINRONG KEXUE.2021 NIAN.DI-2 JI

出版
发行　中国金融出版社
社址　北京市丰台区益泽路2号
市场开发部　（010）66024766，63805472，63439533（传真）
网 上 书 店　www.cfph.cn
　　　　　　（010）66024766，63372837（传真）
读者服务部　（010）66070833，62568380
邮编　100071
经销　新华书店
印刷　北京九州迅驰传媒文化有限公司
尺寸　185毫米×260毫米
印张　7.25
字数　162千
版次　2021年11月第1版
印次　2021年11月第1次印刷
定价　39.00元
ISBN 978-7-5220-1293-3
如出现印装错误本社负责调换　联系电话（010）63263947

《金融科学》编辑委员会
Financial Science

名誉主任：刘鸿儒

委　　员：（按姓名汉语拼音排序）

巴曙松	邓可斌	丁志杰	范小云
范　英	方　颖	甘　犁	郭　沛
韩立岩	贺力平	贺学会	赫国胜
黄文礼	孔东民	李建军	李建平
李志生	廖　理	刘　波	刘莉亚
刘　亚	路　磊	彭红枫	屈文洲
史永东	宋清华	汪昌云	汪　洋
汪勇祥	王广谦	王　能	王一鸣
吴　军	吴卫星	吴文锋	熊　熊
徐信忠	许年行	杨金强	杨之曙
杨子晖	叶永刚	易行健	殷剑峰
尹志超	应千伟	俞红海	曾海舰
张成思	张　杰	张桥云	张　维
张学勇	郑振龙	钟宁桦	周开国
周铭山	朱小能		

主　　编：吴卫星　邹亚生

目 录

沈红波 华凌昊 宗赟	大股东认购定向增发新股的支持机制	
	——基于市场时机和资源配置的视角	（1）
李学峰 张亚涛	资本市场开放能够降低噪声交易程度吗？	
	——基于沪港通的经验证据	（23）
叶德珠 张智豪	宗教文化与银企借贷	
	——基于中国上市公司的经验证据	（40）
曹志广 杨军敏 胡瑾瑾	数据挖掘偏差和技术交易策略有效性的实证分析	
		（59）
孔继红	基于小样本纠偏的国债风险价格和期限溢价研究	
	——来自中债国债收益率曲线的经验证据	（78）
罗吉罡	寻租、资源错配与社会生产率	
	——基于 Hsieh–Klenow 模型的理论研究	（94）

大股东认购定向增发新股的支持机制
——基于市场时机和资源配置的视角

◎ 沈红波 华凌昊 宗赟[①]

内容摘要：本文从财务绩效的角度，证实了大股东认购定向增发新股对上市公司起到"支持"作用，并首次从择时动机与资源配置的双重视角进行"支持"机制的探究。研究发现，大股东参与组的业绩增量在增发后表现更佳，且与参与程度正相关。其中，大股东以资产认购能够带来业绩更为迅速地增长，而在现金认购情形下，业绩存在逐步释放的过程。进一步的"支持"机制分析从两个方面展开：一是证实了大股东参与增发的样本在增发前具有更差的业绩，但并非因人为的盈余操纵所致，而是在企业财务较为困难的时候，大股东会出手通过定增的方式支持上市公司；二是基于一个创新性的"增发缺口"分析框架，证实了大股东会通过参与定向增发给予上市公司更充裕的资源支持，这导致增发后更好的业绩。本文为证券监管部门调整对大股东参与定向增发的监管思路提供了理论依据与实证基础。

关键词：定向增发；大股东认购；支持机制；财务绩效；择时动机；募集资金规模

一、引言

法律与金融的研究起源于投资者保护领域，20世纪90年代中后期，La Porta、Lopez-de-silanes、Andrei Shleifer、Robert W. Vishny四位学者，通过整理多国的政治、法律、宗教、文化和经济等方面的量化数据，发现了法律对投资者保护程度的不同，会通过影响企业在资本市场上以股票或债券融资的能力而影响到资本市场的发展。定向增发股票是企业进行股权再融资的方式之一。根据Myers和Majluf（1984）的优序融资理论，公司会首先考虑内源融资，其次为债务融资，最后才会选择股权融资。然而，在中国证券市场中，上

---

① 作者简介：沈红波，复旦大学经济学院金融学教授，案例中心主任，研究方向：公司金融、金融市场。
华凌昊，复旦大学经济学院硕士研究生，研究方向：公司金融、金融市场。
宗赟，复旦大学经济学院硕士研究生，研究方向：公司金融、金融市场。
基金项目：上海市哲学社会科学一般课题"国有企业实施员工持股计划的激励效应研究"（2018BJB006）。

市公司却对定向增发进行再融资有着明显的偏好。据同花顺 iFinD 金融数据终端统计，2016 年国内证券市场 IPO 实际募集资金 1496 亿元，而再融资募集资金规模则达到 17600 亿元，其中 97.80% 的资金是以定向增发的形式募集的。与西方国家分散的股权结构相比，中国的上市公司大多是股权集中的。其中大股东在公司治理中发挥着重要的作用。特别是在企业的定向增发融资中，大股东会积极参与增发新股。那么，其大股东究竟是发挥了怎样的作用？其发挥作用的机理是什么，对其参与动机和行为的分析就颇具意义①。

上市公司向大股东定向增发股票，究竟是向大股东进行利益输送的手段，还是促进企业发展的良策？大股东在定向增发中认购比例越高，是否越能为上市公司带来绩效的改善？学界对这些问题仍存在激烈的争论，主要存在"掏空说"和"支持说"两种假说。赞成"掏空说"的学者认为，定向增发给予了大股东及其关联方一种资本运作的机会，为自身而非上市公司谋取利益。具体而言，大股东可能与公司的管理层勾结，在定向增发前通过盈余管理压低公司的业绩，从而将公司的估值调整至实际估值下方，引导市场产生低估公司股价的偏误。如此，大股东可在一个相对较低的价位增持本公司的股票，达到盈利的目的。另外，对于持有的劣质资产，大股东可以采取资产认购定向增发新股的方式，将劣质资产置换为估值较低的股票，进而获得双重的私人收益，却严重损害了中小股东的利益。目前国内多数学者，如朱红军（2008）、张祥建（2008）、章卫东（2010）等的实证检验结果均支持这一观点。与"掏空说"相对，"支持说"的拥护者则认为大股东出于长远利益的考虑，会选择向公司注入优质的资产或现金资源，以提升公司的盈利能力，从而为自身带来正的收益，属于一种"双赢"模式（Friedman 等，2003；Riyanto 和 Toolsema，2008）。在对国内证券市场的实证研究中，王浩和刘碧波（2011）、许荣和刘洋（2012）以及李彬等（2015）发现"支持说"更能解释大股东参与定向增发的行为。

早期关于定向增发的研究存在以下不足：(1) 研究选取的时间窗口较窄，如章卫东（2010）的样本仅包含 2006—2007 年，即定向增发规范化前两年的数据，使得其得出的结论在当下失去了时效性。(2) 在定向增发公司样本的选取方法上，虽然以往的研究使用了一些标准进行筛选，如剔除金融行业的公司、定向增发当年同时进行可转债发行的公司、财务数据缺失或异常的公司等。但遇到研究窗口期内完成两次及以上增发的情形时，文献中普遍的做法是以第一次增发为对象，却忽略了其后的定向增发事件会引致研究结果的偏误。例如，在研究定向增发前上市公司是否进行盈余管理及定向增发后公司的业绩状况时，若仍保留窗口期内同时进行两次及以上定向增发公司的样本，那么第一次增发后公司业绩的变化，就很可能会受到第二次增发前盈余管理的影响，使分析失去了可靠性。(3) 在可比公司的选取方面，前人的研究仍沿用着传统的方法，如单一维度的总资产可比法，总资产（ROA）可比法等。然而，学界对传统方法下获得的结论提出了质疑的声音。Li 等（2006）在研究美国公开增发公司在公开增发后出现长期业绩低迷的状况时，认为传统的方法很难将公司的特质较好地匹配起来，因而使用了倾向得分配对法来选取可比公司，并利用经验数据证明了使用该配对方法会使传统方法显示的公开增发公司在增发后的

---

① 在未经特殊说明的情况下，本文中的大股东均指公司的控股股东或实际控制人。

长期业绩低迷不再显著。（4）在盈余管理的计算方面，学界公认可操纵性应计利润为较好的代理变量，以反映盈余管理的程度。在计算可操纵性应计利润时，基于中国证券市场的研究主要采取了两种方式：Jones（1991）提出的 Jones 模型和 Dechow 等（1995）提出的修正的 Jones 模型。而 Soon 等（2002）认为，修正的 Jones 模型有一定的缺陷，即仅考虑了企业在销售收入与应收账款之差的增量上存在非可操纵性应计利润，却忽略了企业另一个非可操纵性应计利润的来源是经营支出与应付账款形成的组合。（5）在研究大股东参与定向增发对公司财务绩效和资源配置效率的促进作用时，现有的文献仍停留在现象描述的层面，没有对大股东"支持"行为的内在机制进行深入剖析，也鲜有研究从定向增发募集资金规模或收购资产价值与融资需求缺口的视角进行探讨。

本文主要从财务绩效的角度对大股东参与定向增发问题进行了研究，本文的贡献在于如下两个方面：（1）在证实了大股东参与增发对上市公司起到"支持"作用的基础上，本文首次从择时动机和资源配置的角度深入探讨大股东"支持"行为的内在机制。一方面，大股东参与增发前并未进行盈余操纵，而是在公司业绩低迷时具有择时增持的倾向；另一方面，本文尝试构建了一个衡量定向增发募集资金规模或收购资产价值与融资需求缺口的分析框架，发现增发后财务绩效提升的根源在于大股东会通过参与定向增发为上市公司提供更有力的资源支持。上述结论是对以往文献的丰富与纵深。（2）在实证方法上，本文使用传统的资产可比法以及根据中国证券市场进行修正后的倾向得分配对法，选择了两组可比公司，并基于修正的 Jones 模型，以及 Chen 等（2010）基于短期应计利润的算法，提出了两种估计可操纵性应计利润的模型，增强了实证结果的稳健性。

本文后续安排如下：第二部分为理论分析与研究假设，第三部分为数据及研究设计，第四部分为实证检验结果及分析，第五部分为研究结论。

二、理论分析与研究假设

（一）大股东"掏空"假说

La Porta 等（1999）基于多国证券市场的数据，具有开创性地指出除美国、英国的资本市场股权较为分散外，股权集中制的公司结构在世界各国占据主导地位。因而，困扰现代公司制度的代理问题，除了所有者与管理层之间的信息不对称与利益冲突外，大股东对中小股东利益的剥夺与侵占是不容忽视的。对于中国的上市公司，金字塔式的股权结构的主流地位从未被撼动过。根据 Morck 等（1988）的研究，股权集中度与公司价值呈一个倒 U 形的关系：对于股权分散的公司，当股权集中度提高时，公司管理层将受到更为有效的监管，从而给公司带来正的价值；但当股权集中度提高到一定程度时，大股东会侵占中小股东利益，并造成严重的信息不对称问题，因而使得公司价值下降。所以，中国的上市公司因其股权结构的特征，往往给大股东的利益输送行为留下很大的空间。

倾向于"掏空说"的学者基于中国证券市场的研究发现，在定向增发的过程中，大股东可能进行利益输送的手段主要有以下五种：（1）大股东与管理层勾结，在对定向增发作出董事会决议后对公司进行长时间的停牌（朱红军，2008；吴育辉等，2013）。（2）大股东参与定向增发时，相比外部机构认购的情形，通过享有更高的折价比率来攫取中小股东的财富（郭思永，2012）。（3）在定向增发前，大股东要求上市公司进行负的盈余管理来压低股价，使其能够以更低的价格增持新股（章卫东，2010）。（4）通过使用资产认购，大股东可通过将低质量的资产转移给上市公司，获得资产处置溢价和定向增发折价的双重收益。此举使上市公司的价值蒙受折损，且严重侵害了中小股东的权益（朱红军，2008）。（5）对于大股东参与定向增发的公司，大股东在上市公司增发完成后的禁售期内，通常会索取更多的股利，以降低由于禁售期所导致的市场风险（Zhao 等，2015）。

（二）大股东"支持"假说

在对大股东"支持说"的研究中，比较有影响力的是 Friedman 等（2003）基于 1996—1998 年 49 个国家资本市场的数据，发现对于公司治理状况较差的发展中国家市场而言，企业的负债水平显著高于发达国家企业的负债水平。因而，当遭遇外部冲击时，发展中国家企业的大股东更倾向于将现金或资产注入上市公司，以降低其出现财务危机的可能性。同时，他们还运用一个两期的动态模型，论证了大股东向公司注入资源的行为与公司预期的投资报酬率密切相关。当报酬率低于债务成本时，大股东倾向于"掏空"而非"支持"；反之，报酬率越高，大股东的"支持"动机就越强。Riyanto 和 Toolsema（2008）在 Friedman 等（2003）的基础上，提出了一个"掏空"与"支持"行为的权衡模型，认为在理性投资者主导的市场中，上市公司无法利用金字塔结构进行单纯的"掏空"行为。只有当"支持"行为发生时，投资者才会认可金字塔结构的存在。从关联融资的角度来看，Fan 等（2009）和 Buchuk 等（2014）均发现集团为上市公司提供关联融资将有效提高公司的价值，而这一提振作用在公司面临外部融资约束时更为显著。从资本市场反应的角度来看，Krishnamurthy 等（2005）则发现，关联投资者参与的情形会为股票短期和长期的走势注入强心剂。

在围绕中国证券市场的相关研究中，李增泉等（2005）基于 1998—2001 年发生的上市公司兼并收购非上市公司的案例，发现当企业希望在定向增发后进行配股或扭亏时，上市公司大股东倾向于进行支持性的并购重组。若上市公司财务状况较为良好，大股东则会参与掏空性的并购。Bo 等（2011）根据 1994—2008 年中国证券市场配股与公开增发的案例，总结了四种解释增发股票的可能动机：（1）管理层出于机会主义增发股票。（2）择时增发，即企业利用股票估值高企的时点增发股票。（3）为潜在的投资机会融资。（4）为了达到某一财务杠杆水平之目的，调整现有的资本结构。基于实证数据，他们发现增发股票动机最可能的解释是择时增发，而传统理论框架中大股东通过公开增发剥夺中小股东利益的结论未能得到支持。在针对定向增发的研究中，邓路等（2012）则通过单变量检验，发现大股东参与后，公司业绩并未出现明显的颓势，从而对"掏空说"提出了质疑。许荣和刘洋（2012）基于 2006—2011 年的数据，发现大股东通过定向增发注入资产的样本在增发一年后具有更好的股票收益率和财务绩效，而这一正向作用在大股东以现金认购的样本中不显著。郭思永（2013）运用托宾 Q 比率衡量上市公司的成长性，发现大股东参与定向增发的程度与上市公司的成长前景正相关。倪中新等（2015）通过构建一个扩展的 LLSV 模型，发现预期投资报酬率对大股东参与定向增发程度的有着正 U 形的影响，即高回报时进行投资型融资,低回报时进行圈钱型融资。李彬等(2015)基于2006—2013年中国资本市场定向增发用于并购重组的案例,发现大股东参与定向增发在长期内可以提升公司价值与资本配置效率,并且这一积极作用与大股东的参与程度正相关。另外,邓路和廖明情(2013)则从投资者信念异质的视角展开研究,发现投资者异质信念越大,公司价值越易被高估,此时大股东有更强的动机以资产认购定向增发新股。

(三)研究假设的提出

大股东作为公司的内部人,掌握着外部投资者难以获取的关键信息(Friedman等,2003;许荣和刘洋,2012;郭思永,2013)。根据Friedman等(2003)和倪中新等(2015)的理论模型,当大股东能够享受更高的预期投资回报率时,会倾向于将更多的资源注入上市公司。然而,倪中新等(2015)在实证方法上采用定向增发后公司的净资产报酬率作为预期回报率的代理变量,所发现的定向增发规模与预期回报率之间的正U形曲线关系却不够合理,因为其忽略了定向增发前后财务绩效的互动关系,以及大股东参与定向增发的择时动机。上市公司仅为大股东所控制资源的一部分,而大股东往往是基于集团整体资源配置的立场来进行决策的(许荣和刘洋,2012)。如果大股东发现参与上市公司的定向增发能够获得更高的投资回报率,那么就会在资源配置上更倾向于上市公司,从而得到整体财富的增加。这在结果上呈现为公司财务绩效的显著改善,也即"支持"行为的内涵。由于大股东参与定向增发后有着36个月的锁定期,且在股权分置改革后与中小股东利益函数的一致性使得其掏空上市公司的动机大幅削弱(廖理和张学勇,2008),本文认为大股东认购定向增发新股将在中长期的维度上对公司的财务绩效起到提振作用,并且是大股东"支持"行为的有力表现。另外,大股东以资产认购增发的新股时,出于优化资源配置的考虑,往往会向上市公司注入优质资产,其协同效应将带来公司财务绩效的迅速改善(许荣和刘洋,2012)。而对于大股东以现金认购的情形,募集资金多用于项目投资,考虑到项目从建设到运营所产生的时滞,公司业绩将在增发后逐步释放。综上所述,本文提出假设H1。

假设H1:大股东参与定向增发的上市公司在增发后的业绩增量显著优于大股东未参与增发的上市公司,且大股东以资产认购情形下"支持"作用更加迅速,以现金认购情形下业绩存在逐步释放的过程。

2006年,中国证监会出台了修订版的《上市公司证券管理办法》,将定向增发新股引入股权再融资市场。2007年,证监会颁布《上市公司非公开发行股票实施细则》后,对定向增发的监管体系日趋完善和成熟。自引入定向增发以来,证监会对大股东参与定向增发始终秉持严格监管的态度,发行方式依然采取核准制,且规定其认购股票的禁售期至少为36个月。Chen和Yuan(2004)、Haw等(2005)基于中国早期证券市场的研究证实,我国证券监管部门有能力发现并惩罚上市公司的盈余管理行为。而随着我国定向增发市场监管趋于完善,本文认为大股东要求其进行盈余管理的成本大于通过盈余管理在定向增发中获得的收益,因此,大股东参与定向增发的公司在定向增发前不存在要求上市公司进行盈余管理的现象。根据廖理和张学勇(2008)、廖理(2012)的论述,由于股权分置改革后上市公司大股东的股份可流通,因而其对上市公司的价值和未来发展会给予更多的关注，所以他们的参与很可能是一种择时行为，即在上市公司业绩低迷时选择增持股票，这是其"支持"行为的内在机制之一。需要区分的是，本文所讨论的大股东基于公司财务绩效的择时行为，与 Bo 等（2011）、孙健等（2017）、朱红军（2008）和吴育辉等（2013）所论述的择时动机不同。Bo 等（2011）主要探讨的是配股和公开增发市场中上市公司的再融资决策对股价估值的择时效应，孙健等（2017）则研究大股东参与定向增发时，在不同的增发目的和认购方式下，对预案公告日的择时问题。朱红军（2008）和吴育辉等（2013）主要讨论的是大股东参与定向增发时会利用停牌操纵股价，以获得更低的增发折价。财务绩效相比于股价，更能反映出公司的经营状况和资源利用效率。与此同时，上市公司的财务绩效往往是其所属集团资源配置战略的关键环节，决定着大股东是否应当改变集团内的资源配置版图，因此财务维度的分析能够更有效地反映出大股东参与定向增发的择时动机。综上所述，本文提出假设 H2。

假设 H2：大股东参与定向增发的公司，在定向增发完成前一年有着更低的业绩水平，但并非因人为的盈余管理所致，而是大股东择时行为的结果。

在以往的文献中，大股东参与定向增发使公司财务绩效改善的潜在机制有如下三种：（1）有助于克服上市公司的外部融资约束。（2）加强对管理层的监督作用，有效降低公司的代理成本。（3）以资产注入上市公司，等同于集团内的资产重组，带来正向的协同作用（Fan 等，2009；许荣和刘洋，2012）。然而，若大股东参与定向增发确系一种择时行为，那么即使上市公司没有外部融资约束，也会优先考虑向大股东增发新股。另外，若大股东能够自主决定是否参与定向增发，表明其对上市公司已有着绝对的控制权，显然管理层自利所导致的代理问题在增发前并不严重。这使得前两条机制难以有效地解释财务绩效的增长。最后，对于大股东以现金认购的情形，第三种机制缺乏必要的解释力。

不同于以往的研究，本文认为，大股东参与定向增发能够提升公司财务绩效的深层机制体现在大股东为上市公司提供了更多的资源支持，而这一行为呼应了其择时动机和优化集团资源配置的核心目标。本文首先定义正常融资需求，借鉴陆正飞和杨德明（2011）、喻坤等（2014）、陈艳等（2015）、李小军等（2015）、Durnev 和 Kim（2005）的研究，将其分为由商业信用占比、外部融资依赖度和内部现金缺口表征的维持性融资需求，以及由定向增发后实际投资金额、规模扩张缺口和投资机会衡量的扩张性融资需求。按照定向增发募集资金规模或收购资产价值是否满足公司正常的融资需求，可以将问题分为两种情形分析。若募集资金规模或收购资产价值已经满足了公司正常的融资需求，即增发缺口为正，则大股东倾向于为上市公司提供更多额外的资源支持；反之，在缺口为负的情况下，募集资金规模或收购资产价值与大股东未参与定向增发的上市公司相比，将更接近正常的融资需求。这两种情形都意味着更多的资源支持，也即增发规模或收购资产价值剔除正常融资需求的影响后，剩余的残差若为负值，大股东的资源支持会接近于零；残差为正时，大股东的资源支持将会更大，因此可以用增发缺口衡量对上市公司的资源支持。进一步，大股东在向上市公司注入更多资源的同时，为了获得更高的收益率，倾向于注入优质资源，这将为公司带来更为明显的财务绩效改善。需要指出的是，上述分析框架对于大股东以现金认购和资产认购的情形均适用，这是由于以资产注入的形式进行定向增发的实质是为了满足公司扩张性的融资需求。综上所述，本文提出假设H3。

假设H3：大股东参与组在定向增发后财务绩效的显著改善是由于大股东给予了更多的资源支持。

三、数据及研究设计

（一）样本选择与数据来源

本文的初始样本为A股市场2006—2013年至少完成过一次定向增发新股的上市公司[①]，共864家。进一步，本文剔除了样本中符合下列标准中任意一个的公司：（1）属于金融行业。（2）考察期内进行过两次及以上增发。（3）增发当年同时使用其他再融资手段[②]。（4）定向增发的目的为借壳上市[③]。（5）所属行业当年公司数量太少，无法计算可靠的倾向配对得分。（6）财务数据缺失。经过筛选后，最终样本包含499家公司。本文的数据来源为同花顺iFinD金融数据终端，关于大股东是否参与定向增发及参与比例的数据，则是根据上市公司的《非公开股票发行情况暨股份变动报告书》或《定向发行股份购买资产暨关联交易报告书》手工整理取得。

与章卫东（2010）选取最早一次定向增发作为样本的做法不同，本文出于稳健性的考虑，将考察期内不止一次增发的样本剔除。原因是，若要研究企业在定向增发后的业绩状况，就必须要剔除第二次定向增发前可能存在的盈余管理因素，而同时又很难确定该影响因素会在两次定向增发的时间间隔延长到何种程度时才可忽略不计。因此，剔除上述样本提升了研究结论的稳健性。

（二）可比公司选择与数据来源

在可比公司的选取上，本文采用了两种方法：传统的资产可比法和倾向得分配对法。可比公司样本的数据来源均为同花顺iFinD金融数据终端。

1. 资产可比法。在可比公司时，本文以2006—2013年从未完成过定向增发的A股上市公司全体为初始备选池。对于每一年定向增发的样本公司，将备选池中该年及上一年尚未上市的公司剔除。初步筛选后，对于该年每一个定向增发的样本，选取行业相同的备选公司作为二次筛选样本，其中行业标准精确到证监会新行业分类的二级子类。最后，在二次筛选样本中，选取上一年末总资产与定向增发样本公司最为接近的上市公司作为资产可比公司。

2. 倾向得分可比法。Li和Zhao（2006）在基于美国公开增发市场的研究中，认为传统的资产可比法等选取可比公司方法并不能实现公司特质的较好匹配，同时利用经验数据证明了使用倾向得分配对法会得到更为稳健的结果。为了增加研究结论的可靠性，本文借

[①] 排除A股上市公司在H股或B股市场增发股票的情形。

[②] 如公开增发、配股和发行可转债等。

[③] 在864家初始样本中，此类公司共计92家，占比10.65%。在这92家公司中，借壳重组后所属行业发生变更的共计78家，占比84.78%，且这些公司的证券名称与主营业务全部发生变更。剔除上述样本，是为了防止其对定向增发前后的财务绩效变动研究产生偏误。

鉴该方法再确定一组与定向增发的样本组倾向得分可比的公司,以计算样本组的超额盈余管理水平及超额财务绩效。

倾向得分配对法是指运用Logit回归模型,以"是否进行定向增发"这一哑变量为因变量、表征公司特质的变量为自变量,基于定向增发公司组成的实验组与非定向增发公司组成的控制组的总体在考察期间的每一年进行回归,并将估计得到的系数代入回归模型,计算出该年实验组与控制组每一家公司的倾向配对得分,最后在控制组中选取与实验组公司配对得分最为接近的作为可比公司。

经过筛选和分析,本文发现能够比较好地衡量实验组和控制组组成整体的公司特质变量有:(1)增发前两年末的总资产报酬率;(2)增发前两年末的净利润;(3)增发前一年末的市净率;(4)增发前一年末的总资产;(5)增发前一年末的资本性支出的内源支持比率。参照Li等(2006)的方法,若在某一年的回归中发现有变量的一阶项不显著,则首先考虑加入该变量的高阶项,若仍不显著,则对该变量取对数后进行计算。

表1列示了可比公司的匹配程度分析。如Panel A所示,对定向增发的样本组与资产可比公司组成的资产可比组的总资产、市净率比较后发现,两组之间在总资产的中位数、市净率的平均数和中位数上不存在显著差异,较为理想的Wilcoxon秩和检验结果显示出资产可比公司的匹配程度较为良好,总资产均值的显著差异可能是样本存在尾部极端财务变量所致。如Panel B所示,对定向增发的样本组与倾向指数可比公司组成的倾向指数可比组在考察年度前两年总资产报酬率、净利润、同考察年度前一年的市净率、总资产与资本性支出进行比较后发现,总资产报酬率、市净率的均值和所有指标的中位数均不存在显著差异。为理想的Wilcoxon秩和检验结果表明,倾向指数可比公司的匹配程度良好,净利润、总资产和资本支出均值存在的显著差异可能是样本存在尾部极端财务变量所致。对于上述极端财务变量的问题,本文在实证分析中采用Winsorization方法对变量进行了缩尾处理,以保证研究结论的稳健性。

表1　　　　　　　　定向增发样本公司与两组可比公司的比较

Panel A:资产可比组								
比较指标	样本组(1)			资产可比组(2)			(1)-(2)	
	样本数	均值	中位数	样本数	均值	中位数	t值	z值
总资产	499	548818	215835	499	411817	205595	2.02** (0.02)	0.20 (0.66)
市净率	499	4.42	3.6	499	4.52	3.02	-0.41 (0.34)	2.51 (0.11)
Panel B:倾向得分可比组								
比较指标	样本组(1)			倾向指数可比组(2)			(1)-(2)	
	样本数	均值	中位数	样本数	均值	中位数	t值	z值
总资产报酬率	499	8.32	6.59	499	7.56	6.57	1.00 (0.16)	0.04 (0.85)

续表

Panel B：倾向得分可比组								
比较指标	样本组（1）			倾向指数可比组（2）			（1）-（2）	
	样本数	均值	中位数	样本数	均值	中位数	t 值	z 值
净利润	499	16189	6104	499	12020	5245	1.64** (0.05)	2.51 (0.11)
市净率	499	4.42	3.6	499	4.3	3.28	0.23 (0.41)	1.77 (0.18)
总资产	499	548818	215835	499	381979	191449	-2.48*** (0.01)	1.16 (0.28)
资本支出	499	42237	12994	499	28183	10655	-2.17** (0.02)	1.77 (0.18)

注：（1）括号内为 p 值；*、**、*** 分别表示在10%、5%、1%水平上显著；（2）总资产、净利润、资本性支出的单位均为万元，总资产报酬率的单位为%。

（三）盈余管理程度的度量

1. 基于总应计利润的盈余管理程度衡量。本文借鉴考虑业绩的修正 Jones 模型以及 Soon 和 Miller（2002）的改进方法，提出了一个更具有稳健性的盈余管理程度衡量模型。模型的结构如下：

$$ATA_{i,t} = \frac{NI_{i,t} - CFO_{i,t}}{ASSET_{i,t-1}} \tag{1}$$

其中，$ATA_{i,t}$ 为第 t 年末的经总资产调整后的总应计利润；$NI_{i,t}$ 为第 t 年度的净利润，$CFO_{i,t}$ 为第 t 年度的经营性现金净流量；$ASSET_{i,t-1}$ 为第 i 家公司第 $t-1$ 年末的总资产。在总应计利润中剔除非可操纵性应计利润，即得到第 t 年第 i 家公司可操纵性应计利润的估计值 $DATA_{i,t}$。计算公式为

$$DATA_{i,t} = ATA_{i,t} - [\beta_0 + \beta_1 \frac{\Delta REV_{i,t} - \Delta REC_{i,t}}{ASSET_{i,t-1}} + \beta_2 \frac{\Delta EXP_{i,t} - \Delta PAY_{i,t}}{ASSET_{i,t-1}} \\ + \beta_3 \frac{PPE_{i,t}}{ASSET_{i,t-1}} + \beta_4 ROA_{i,t-1} + \beta_5 \frac{1}{ASSET_{i,t-1}}] \tag{2}$$

其中，$\Delta REV_{i,t}$ 为第 t 年度营业收入较第 $t-1$ 年度的增量，$\Delta REC_{i,t}$ 为第 t 年末的应收账款较第 $t-1$ 年末的增量；$\Delta EXP_{i,t}$ 为第 t 年度的经营活动现金流出总额较第 $t-1$ 年度的增量，$\Delta PAY_{i,t}$ 为第 t 年末的应付账款较第 $t-1$ 年末的增量；$PPE_{i,t}$ 为第 t 年末的固定资产与在建工程总额；$ROA_{i,t-1}$ 为第 $t-1$ 年度的总资产报酬率。β 为总应计利润对各变量的估计系数。

为了控制定向增发企业中的公司特质因素，本文进一步估计了定向增发样本相较可比公司而言的超额盈余管理水平，计算公式为

$$ODATA_{i,t} = DATA_{i,t,PPE} - DATA_{i,t,MATCH} \tag{3}$$

其中，$ODATA_{i,t}$ 为第 i 家定向增发公司第 t 年基于总应计利润计算的超额可操纵性应计利润的估计值，可以作为超额盈余管理水平的衡量指标。$DATA_{i,t,PPE}$ 为第 i 家定向增发公司第 t

年基于总应计利润计算的可操纵性应计利润的估计值,而 $DATA_{i,t,MATCH}$ 为第 t 年第 i 家公司的可比公司的估计值。

2. 基于短期应计利润的盈余管理程度衡量。为了提高结论的稳健性,本文考虑再使用一种计算方式来衡量公司的盈余管理水平,即基于短期应计利润计算得出的可操纵性应计利润。本文通过下式计算得出经总资产调整后的短期应计利润(Adjusted Short – term Accruals, ASA):

$$ASA_{i,t} = \frac{\Delta(CA_{i,t} - CASH_{i,t}) - \Delta(CD_{i,t} - LDO_{i,t})}{ASSET_{i,t-1}} \tag{4}$$

其中,$ASA_{i,t}$ 为第 t 年末的经总资产调整后的短期应计利润;$CA_{i,t}$ 为第 t 年末的流动资产,$CASH_{i,t}$ 为第 t 年末的货币资金,$\Delta(CA_{i,t} - CASH_{i,t})$ 为第 t 年末流动资产与货币资金的差较第 $t-1$ 年末的增量;$CD_{i,t}$ 为第 t 年末的流动负债,$LDO_{i,t}$ 为第 t 年末一年内到期的非流动负债,$\Delta(CD_{i,t} - LDO_{i,t})$ 为第 t 年末流动负债与一年内到期的非流动负债的差较第 $t-1$ 年末的增量。与上文基于总应计利润的可操纵性应计利润相似,最终也可得出第 t 年第 i 家公司基于短期应计利润计算得出的可操纵性应计利润的估计值 $DASA_{i,t}$ 以及相对于可比公司计算得到的超额可操纵性应计利润 $ODASA_{i,t}$。

基于上述两个模型,本文对 2006—2013 年进行定向增发的样本公司在增发前一年的盈余管理水平分别进行估计,估计每年进行 1 次,共进行 8 次①。

(四)增发缺口的衡量

为了衡量定向增发募集资金规模或收购资产价值与正常融资需求的缺口,本文参照并总结了陆正飞和杨德明(2011)、喻坤等(2014)、陈艳等(2015)、李小军等(2015)、Durnev and Kim(2005)对融资需求的衡量方法,尝试性地提出如下的估计模型:

$$\begin{aligned}FS_{i,t} = &\beta_0 + \beta_1 CC_{i,t-1} + \beta_2 EFD_{i,t-1} + \beta_3 ICG_{i,t-1} + \beta_4 GI_{i,t} + \beta_5 GR_{i,t-1} + \beta_6 TQ_{i,t-1} \\&+ \beta_7 LNASSET_{i,t-1} + \beta_8 LEVER_{i,t-1} + \beta_9 AGE_{i,t-1} + \beta_{10} INDUSTRY \\&+ \beta_{11} YEAR_{i,t} + v_{i,t}\end{aligned} \tag{5}$$

其中,$FS_{i,t}$ 为第 i 家公司第 t 年经增发前一年末总资产调整后的募集资金净额或收购资产价值。$CC_{i,t-1}$ 为增发前一年末的商业信用占比,等于应付票据、应付账款和预收账款之和除以总资产;$EFD_{i,t-1}$ 为增发前一年度的外部融资依赖度,等于资本支出与经营性现金净流量之差除以资本支出;$ICG_{i,t-1}$ 为增发前一年度的内部现金缺口,等于根据 Richardson(2006)提出模型估算出的预期正常新增投资率减去经年初总资产调整后的经营性现金流量与摊销折旧之差。上述三项以衡量公司的维持性融资需求,即维持公司日常的生产经营活动所产生的融资需要。另外,$GI_{i,t}$ 为增发当年以及后一年度的资本支出之和;$GR_{i,t-1}$ 为增发前一年度总资产增速与可实现的内生增长之差;$TQ_{i,t-1}$ 为增发前一年末的公司的托宾 Q 比率值,等于市值与总负债账面价值之和除以总资产,用于衡量投资机会。上述三项用于衡量扩张

---

① 盈余管理模型调整后的 R^2 的均值、中位数均在 30% ~ 50%,并且 F 值的中位数均在 1% 的水平上显著异于零,这一结果优于章卫东(2010),证明了本文所提出的两个模型能较好地度量企业的盈余管理水平,限于篇幅本文没有报道盈余管理的初步估计表格。

性融资需求,即公司为了扩张规模或把握投资机会所产生的融资需求。参照 Richardson (2006),本文选取了总资产的对数值 $LNASSET_{i,t-1}$、资产负债率 $LEVER_{i,t-1}$ 和公司年龄 $AGE_{i,t-1}$ 作为控制变量,同时控制了行业与增发年份的影响。在全体定向增发样本中运行此模型,得到的残差即为增发缺口的第一种度量方式,记为 OFS_1。

为了增强该模型的稳健性,本文基于主成分分析方法提出对增发缺口的另一种度量思路。主成分分析的结果表明,前三项主成分已经解释了超过60%的影响,因此,本文分别使用前三项、前四项和前五项主成分,按照各自解释百分比进行加权,构造出三项衡量正常融资需求的综合指标 NFD_1、NFD_2 和 NFD_3。进一步,本文将 NFD_1、NFD_2 和 NFD_3 代入下式的模型中进行回归,得到的三项残差分别记为 OFS_2、OFS_3 和 OFS_4,作为增发缺口的第二、第三、第四种度量方式。

$$FS_{i,t} = \gamma_0 + \gamma_1 NFD_{i,t-1} + \gamma_2 LNASSET_{i,t-1} + \gamma_3 LEVER_{i,t-1} + \gamma_4 AGE_{i,t-1} \\ + \gamma_5 INDUSTRY + \gamma_6 YEAR_{i,t} + \tau_{i,t} \tag{6}$$

(五)研究模型

本文采用的研究模型如下所示:

$$\Delta ROE = \theta_0 + \theta_1 PART + \theta_2 PARTCASH + \theta_3 CONTROLs + \pi_{i,t} \tag{7}$$

$$\Delta ROE = \lambda_0 + \lambda_1 PARTRATIO + \lambda_2 CONTROLs + \rho_{i,t} \tag{8}$$

$$DA_{i,t-1} = \delta_0 + \delta_1 PART + \delta_2 PARTCASH + \delta_3 CONTROLs + \zeta_{i,t} \tag{9}$$

$$PART = \eta_0 + \eta_1 OP_{i,t-1} + \eta_2 CONTROLs + \varrho_{i,t} \tag{10}$$

$$OFS = \omega_0 + \omega_1 PART + \omega_2 PARTCASH + \omega_3 CONTROLs + \varpi_{i,t} \tag{11}$$

$$OFS = \xi_0 + \xi_1 PARTRATIO + \xi_2 CONTROLs + o_{i,t} \tag{12}$$

公式(7)和公式(8)是为了研究大股东参与组是否在增发后具有更好的业绩水平,以及是否与认购比例正相关。公式(9)是为了研究增发前一年的盈余管理水平是否与大股东参与相关。式中,$DA_{i,t-1}$ 为增发前一年盈余管理水平,在运行模型时使用基于总应计利润估计的可操纵性应计利润与其超额水平 $DATA$、$ODATA$,以及基于短期应计利润估计的可操纵性应计利润与其超额水平 $DASA$、$ODASA$ 表示。公式(10)是为了研究大股东参与定向增发是否具有择时倾向,使用 Logit 和 Probit 模型分别运行。式中,$OP_{i,t-1}$ 为增发前一年的财务绩效,在运行模型时使用 $ROE_{i,t-1}$ 和 $OROE_{i,t-1}$ 表示。公式(11)和公式(12)是为了研究大股东参与定向增发时是否给予上市公司更多的资源支持,以及该支持是否与认购比例正相关。

控制变量方面,本文参照姜付秀等(2009)和章卫东(2010),在公式(9)和公式(10)中选取增发前一年的公司规模、资产负债率、资本支出、前十大股东持股比例、代理成本为控制变量,并借鉴姜付秀等(2009)和吴超鹏等(2012),在其余公式中选取增发前一年的公司规模、资产负债率、流动比率和代理成本为控制变量。本文用公司定向增发前一年末总资产的对数值衡量公司规模。大公司受到来自机构投资者等多方面的监督,信息更透明化,因此进行盈余管理的成本较大。但同时公司规模越大,大股东能够获得的利益越大,更有动机实施盈余管理(Watts 和 Zimmerman,1986)。高负债对企业进行盈余管理增加应计利润有促进作用,且债务契约带来的财务稳健性使得负债比率与盈余管理负相关（Watts，2003），因此负债水平对盈余管理有影响，将资产负债率作为本文的控制变量。Burgstahler（1997）研究表明，资本支出增加会带来折旧上升，从而减少净利润，可操作性应急利润减少。大量研究认为，大股东具有通过盈余管理以获取私人利益的动机，因此股权集中度与盈余管理水平也有关系（Filatotchev，2001），本文以公司定向增发前一年末的前十大股东持股比例衡量股权集中度。所有模型均控制了行业与增发年份的影响，具体的变量定义参见表2。

表2　　　　　　　　　　　　　主要变量定义

	变量	变量定义
关键变量	DATA	公司定向增发前一年基于总应计利润模型估计的盈余管理水平
	DASA	公司定向增发前一年基于短期应计利润模型估计的盈余管理水平
	ODATA	公司定向增发前一年基于总应计利润模型估计的超额盈余管理水平
	ODASA	公司定向增发前一年基于短期应计利润模型估计的超额盈余管理水平
	PART	大股东是否参与公司定向增发的虚拟变量，参与则赋值为1，否则为0
	PARTRATIO	大股东参与定向增发时认购股份比例的虚拟变量，若认购比例大于0且小于100%，则赋值为1；若认购比例为100%，则赋值为2
	PARTCASH	大股东是否参与的虚拟变量与是否以现金认购虚拟变量的交叉项，参与且使用现金认购则赋值为1，否则为0
	ROE_{t-1}	公司定向增发前一年末的净资产报酬率
	$OROE_{t-1}$	公司定向增发前一年末的超额净资产报酬率
	$\Delta ROE_{t/t+1/t+2}$	公司定向增发当年、后一年、后两年的年度ROE与定向增发前一年的年度ROE之差
	OFS_1	增发缺口的第一种度量，等于公式（5）中的回归残差
	OFS_2	增发缺口的第二种度量，等于公式（6）中以NFD_1为自变量的回归残差
	OFS_3	增发缺口的第三种度量，等于公式（6）中以NFD_2为自变量的回归残差
	OFS_4	增发缺口的第四种度量，等于公式（6）中以NFD_3为自变量的回归残差
控制变量	LEVER	公司定向增发前一年末的资产负债率
	TOP	公司定向增发前一年末的前十大股东持股比例
	COST	公司定向增发前一年的代理成本，等于管理费用与销售费用之和除以主营业务收入
	LN(ASSET)	公司定向增发前一年末总资产的对数值
	CE	公司定向增发前一年度的资本支出
	LR	定向增发前一年末的流动比率
	YEAR	年份的虚拟变量
	INDUSTRY	行业的虚拟变量

四、实证检验结果及分析[①]

(一) 描述性统计

本文首先通过描述性统计进行趋势分析。图1、图2 直观地展现出与大股东非参与组相比，大股东参与组 ROE 的均值在定向增发前后实现了从落后到超越的过程，并且大股东参与组在定向增发后的净利润均值有明显的改善。通过主要变量的描述性统计可以看到，盈余管理水平、增发前一年的财务绩效、增发后的财务绩效增量和募集资金规模缺口在样本间均存在较大差异，可以进行回归分析。

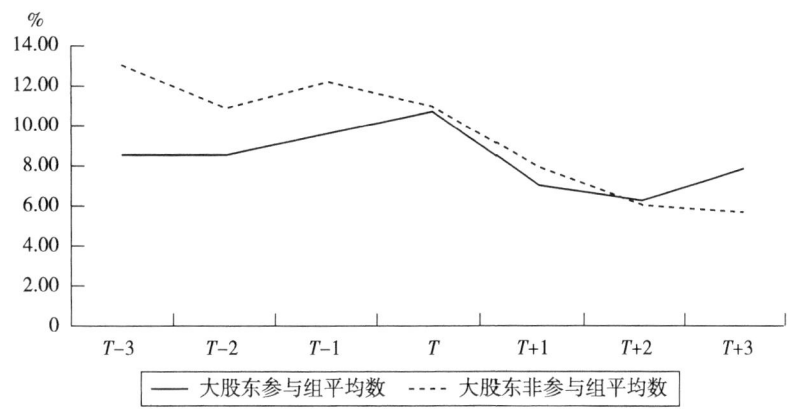

图1 定向增发前后 ROE 水平

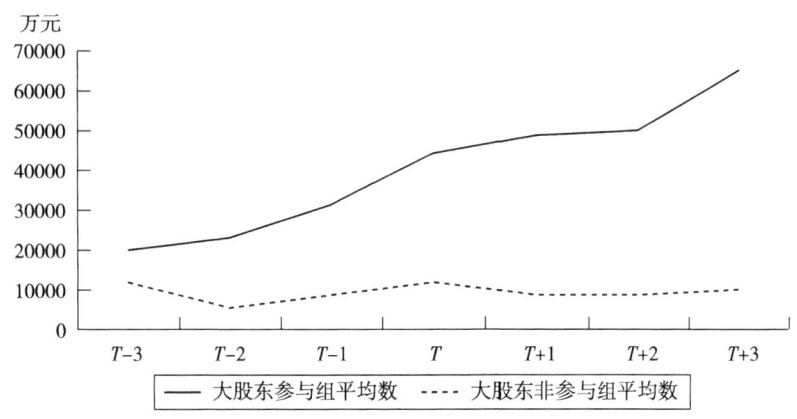

图2 定向增发前后净利润水平

---

① 本文对样本数据运用 Winsorization 方法在1%水平上进行了处理，即对于大于99%分位数或小于1%分位数的样本值，将其赋值为99%分位数或1%分位数的值。

(二) 大股东"支持"行为的经验证据

为了证明大股东参与定向增发对上市公司具有"支持"作用,本文以定向增发当年、一年后以及两年后的 ROE 与增发前一年 ROE 之差为因变量,运用 OLS 方法对公式 (7) 和公式 (8) 的模型进行回归。考虑到本文选取的可比公司仅在定向增发前一年与样本具有可比性,而定向增发以后年度的可比性并不可靠,故未将超额 ROE 的增量作为因变量。表 3 列示了回归结果。由第一、第三和第五列可以看出,PART 对 ΔROE_t、ΔROE_{t+1} 和 ΔROE_{t+2} 的影响系数分别为 8.0203、8.9624 和 7.9863,均在 1% 的水平上显著。而 PARTCASH 的系数分别为 -9.3096、-9.4953 和 -7.9388,也均在 1% 的水平上显著。这说明,大股东参与定向增发会使得公司在定向增发当年、一年后和两年后的净资产报酬率有更为明显的改善。同时,大股东使用资产认购时,净资产报酬率将有更为显著的增长,这一结论对定向增发当年、一年后以及两年后的情形均适用,说明大股东注入资产能够更为迅速地给公司带来业绩改善。第二、第四和第六列则基于大股东参与定向增发的样本,进一步分析大股东认购比例是否会显著影响净资产报酬率的增量。由上述列中的数据可知,PARTRATIO 对 ΔROE_t、ΔROE_{t+1} 和 ΔROE_{t+2} 的影响系数分别为 4.1852、6.2672 和 4.6423,分别在 10%、1% 和 5% 的水平上显著。说明大股东参与定向增发时的认购比例越高,公司在定向增发当年、一年后和两年后的业绩改善程度越大。上述结论符合许荣和刘洋 (2012) 的实证结果,证实了大股东由于掌握公司的内部信息,参与定向增发的目的即在于优化集团内部的资源配置,对上市公司起到"支持"的作用。

表 3　　大股东参与对定向增发后业绩增量的影响

变量及指标	ΔROE_t		ΔROE_{t+1}		ΔROE_{t+2}	
	全样本	大股东参与组	全样本	大股东参与组	全样本	大股东参与组
PART	8.0203 *** (4.47)		8.9624 *** (4.64)		7.9863 *** (4.20)	
PARTCASH	-9.3096 *** (-5.03)		-9.4953 *** (-4.70)		-7.9388 *** (-4.21)	
PARTRATIO		4.1852 * (1.84)		6.2672 *** (2.74)		4.6423 ** (2.34)
LN(ASSET)	-2.3949 *** (-3.47)	-2.7048 *** (-3.49)	-2.3532 *** (-3.57)	-2.3164 *** (-3.10)	-2.4530 *** (-3.23)	-2.7129 *** (-3.21)
LEVER	0.1130 ** (2.06)	0.0413 (0.52)	0.0779 (1.57)	0.0433 (0.57)	0.0479 (0.91)	-0.0032 (-0.04)
LR	-0.1895 (-0.39)	-0.6560 (-0.89)	-0.4281 (-0.92)	-0.3663 (-0.48)	-0.4150 (-0.85)	-0.6120 (-0.86)
COST	3.0695 *** (6.93)	3.5522 *** (8.16)	0.7374 (1.55)	1.2020 *** (2.64)	0.1887 (0.39)	0.5720 (1.17)
CONSTANT	29.102 *** (2.87)	32.941 *** (2.95)	23.392 *** (2.76)	22.696 ** (2.13)	15.885 * (1.71)	22.403 * (1.86)

续表

变量及指标	ΔROE_t		ΔROE_{t+1}		ΔROE_{t+2}	
	全样本	大股东参与组	全样本	大股东参与组	全样本	大股东参与组
YEAR	控制	控制	控制	控制	控制	控制
INDUSTRY	控制	控制	控制	控制	控制	控制
F 值	12.95***	33.27***	7.30***	6.84***	9.57***	3.38***
R^2	0.2325	0.2666	0.2219	0.2015	0.2012	0.1807
观测数量	499	259	499	259	499	259

注：(1) 括号内为 t 值；*、**、*** 分别表示在10%、5%、1%水平上显著；(2) 回归系数标准误采用异方差稳健标准误估计。

(三) 大股东参与定向增发的择时动机分析

1. 大股东参与组定向增发前的财务绩效。根据图2的描述，在定向增发前大股东参与组的 ROE 水平低于大股东非参与组，本文进一步运用单变量检验的方式，探寻这一差异是否显著。表4列示了对大股东参与定向增发与增发前一年公司业绩的关系进行单变量检验的结果。可以发现，大股东参与定向增发的样本在定向增发前一年的净资产报酬率和超额净资产报酬率的均值和中位数均显著小于大股东未参与增发的样本。从理论而言，有两种路径可能导致这一现象：(1) 大股东与管理层勾结，在定向增发前一年进行负的盈余管理，压低公司的业绩；(2) 大股东在公司业绩低迷时更倾向于对公司进行支持，从而获取长期的收益，即大股东具有择时动机。下文将检验何种路径适用于中国证券市场。

表4　　　单变量检验：大股东参与定向增发与增发前一年的财务绩效

考察指标	平均值			t 值	中位数			z 值
	大股东参与组(1)	大股东非参与组(2)	(1)-(2)		大股东参与组(1)	大股东非参与组(2)	(1)-(2)	
ROE_{t-1}	5.95	10.10	-4.15	-3.48***(0.00)	6.52	9.65	-3.13	4.44***(0.00)
$OROE_{t-1}$(资产可比)	0.65	5.40	-4.75	-2.46***(0.01)	-0.45	3.80	-4.25	3.43***(0.00)
$OROE_{t-1}$(得分可比)	0.99	4.38	-3.39	-1.92**(0.03)	1.11	3.52	-2.41	2.16**(0.03)
观测数量	259	240			259	240		

注：(1) 括号内为 p 值；*、**、*** 分别表示在10%、5%、1%水平上显著；(2) 表中指标的单位均为%。

2. 大股东参与组定向增发前的盈余管理水平。本文首先分析第一种路径是否得到经验数据的支持，即大股东参与组是否在增发前进行了负向盈余管理。表5列示了运用 OLS 方法对公式 (9) 中模型进行回归的结果。可以发现，在以两种盈余管理方法计算得出的

$DATA_{t-1}$、$DASA_{t-1}$ 和基于可比公司计算得出的 $ODATA_{t-1}$、$ODASA_{t-1}$ 为因变量的六个回归模型中，表征大股东是否参与定向增发的指标 $PART$ 的系数分别为 -0.0097、-0.0057、-0.0119、-0.0099、0.0049 和 0.0032，均不具有统计意义上的显著性，且系数的符号六个模型中并不稳定。而即使前四个模型中 $PARTCASH$ 显著为正，也无法说明大股东参与会对上市公司在定向增发前一年会对上市公司的盈余管理行为产生影响。因此，本文认为，上文单变量检验中发现的大股东参与定向增发与公司业绩的显著负相关关系，并非是由于大股东参与定向增发的公司在增发前一年进行负向盈余管理所致，即第一种解释路径难以在经验上成立。故而，本文继续探索第二种解释路径，即大股东在公司业绩低迷时倾向于选择参与定向增发。

表5 大股东参与定向增发与增发前一年的盈余管理水平

变量及指标	$DATA$	$DASA$	$ODATA$（资产可比）	$ODASA$（资产可比）	$ODATA$（得分可比）	$ODASA$（得分可比）
$PART$	-0.0097 (-0.89)	-0.0057 (-0.35)	-0.0119 (-0.79)	-0.0099 (-0.43)	0.0049 (0.37)	0.0032 (0.13)
$PARTCASH$	0.0247^{**} (2.26)	0.0260^{*} (1.64)	0.0341^{**} (2.23)	0.0483^{**} (2.04)	0.0001 (0.01)	0.0074 (0.32)
$CONTROLs$	控制	控制	控制	控制	控制	控制
F 值	11.16^{***}	9.76^{***}	27.19^{***}	18.21^{***}	26.78^{***}	12.88^{***}
R^2	0.2518	0.2984	0.1187	0.0790	0.0275	0.0726
观测数量	499	499	499	499	499	499

注：(1) 括号内为 t 值；*、**、*** 分别表示在 10%、5%、1% 水平上显著；(2) 回归系数标准误采用异方差稳健标准误估计。

3. 大股东参与定向增发的择时动机。为了分析大股东是否在公司财务绩效低迷时选择参与定向增发，本文根据公式（10）提出的模型，采用 Logit 和 Probit 估计方法分别进行回归，研究增发前一年的公司业绩是否会对大股东参与的倾向性产生影响。表6列示了回归分析结果。可以看到，Panel A 中 ROE_{t-1} 的系数分别为 -0.0260、-0.0333、-0.0152 和 -0.0185，均在 1% 的水平上显著，Panel B 中资产可比法下 $OROE_{t-1}$ 的系数分别为 -0.0094 和 -0.0057，均在 5% 的水平上显著；倾向得分可比法下 $OROE_{t-1}$ 的系数分别为 -0.0010 和 -0.0059，均在 10% 的水平上显著。上述结果说明定向增发前公司的财务绩效越低，大股东越倾向于参与定向增发。这在一定程度上符合倪中新等（2015）理论模型的结论，并验证了本文提出的大股东参与定向增发具有对财务绩效的择时动机。在企业财务较为困难的时候，大股东会出手通过定增的方式支持上市公司。而这种支持的时机，并不是在增发前一年进行人为的负向盈余管理打压股价和业绩。

表6　　　　　　　　　　　大股东参与定向增发的择时倾向

Panel A：解释变量为 ROE_{t-1}				
变量及指标	PART（Logit 模型）		PART（Probit 模型）	
ROE_{t-1}	-0.0260*** (-3.29)	-0.0333*** (-3.67)	-0.0152*** (-3.42)	-0.0185*** (-3.76)
CONTROLs	未控制	控制	未控制	控制
χ^2	12.65***	41.13***	12.27***	40.15***
$Pseudo\ R^2$	0.0183	0.0595	0.0178	0.0581
观测数量	499	499	499	499
Panel B：解释变量为 $OROE_{t-1}$				
变量及指标	PART（Logit 模型）		PART（Probit 模型）	
	资产可比	得分可比	资产可比	得分可比
$OROE_{t-1}$	-0.0094** (-2.00)	-0.0010* (-1.93)	-0.0057** (-2.02)	-0.0059* (-1.94)
CONTROLs	控制	控制	控制	控制
χ^2	25.74**	29.09***	25.70***	29.02***
$Pseudo\ R^2$	0.0373	0.0421	0.0372	0.0420
观测数量	499	499	499	499

注：括号内为 Wald 统计量；*、**、*** 分别表示在 10%、5%、1% 水平上显著。

（四）大股东资源支持与财务绩效增长

进一步，为了深入挖掘大股东参与组在增发后财务绩效的改善原因，本文依照公式（11）和公式（12）提出的模型，运用OLS方法分析增发缺口与大股东参与定向增发的关系。表7列示了大股东参与定向增发与增发缺口的关系。由 Panel A 可知，PART 对 OFS_1、OFS_2、OFS_3 和 OFS_4 的影响系数分别为 0.7610、1.1234、1.1780 和 1.1778，均在 1% 的水平上显著，这证明了大股东参与组会给予上市公司更多的资源支持，使募集资金规模或收购资产价值更接近正常融资需求，或在满足融资需求后给予额外的资源援助。PARTCASH 的影响系数分别为 -0.6670、-1.0250、-1.0919 和 -1.0780，也均在 1% 的水平上显著。这表明大股东以资产认购增发的新股时，给予了上市公司更多的资源支持。由于此前已证实资产认购能够带来增发后财务绩效更为迅速的增长，本文认为这并非是大股东虚增资产价值，将劣质资产注入上市公司所致，而是资产注入能够带来更大的协同效应和优化资源配置的效果。Panel B 中，PARTRATIO 对 OFS_1、OFS_2、OFS_3 和 OFS_4 的影响系数分别为 0.3631、0.5966、0.6128 和 0.6024，均在 5% 的水平上显著。这进一步说明了大股东参与增发的程度越高，给予资源支持的量越大。

表7　　　　　　　　　　　大股东参与定向增发与增发缺口

Panel A：全样本				
变量及指标	OFS_1	OFS_2	OFS_3	OFS_4
PART	0.7610 *** (3.14)	1.1234 *** (3.01)	1.1780 *** (3.20)	1.1778 *** (3.20)
PARTCASH	-0.6670 *** (-2.95)	-1.0250 *** (-3.10)	-1.0919 *** (-3.34)	-1.0780 *** (-3.30)
CONTROLs	控制	控制	控制	控制
F 值	182.24 ***	371.25 ***	265.44 ***	364.04 ***
R^2	0.5559	0.5166	0.4917	0.5052
观测数量	499	499	499	499
Panel B：大股东参与组				
变量及指标	OFS_1	OFS_2	OFS_3	OFS_4
PARTRATIO	0.3631 ** (2.08)	0.5966 ** (2.39)	0.6128 ** (2.46)	0.6024 ** (2.42)
CONTROLs	控制	控制	控制	控制
F 值	9.36 ***	6.68 ***	5.98 ***	6.32 ***
R^2	0.5021	0.4185	0.3920	0.4052
观测数量	259	259	259	259

注：(1) 括号内为 t 值；*、**、*** 分别表示在 10%、5%、1% 水平上显著；(2) 回归系数标准误采用异方差稳健标准误估计。

(五) 稳健性检验

本文从三个方面进行了稳健性分析。第一，为了验证增发缺口模型的稳健性，本文参照李小军等 (2015) 的方法，将募集资金规模或收购资产价值减去增发当年和后一年的资本支出之和，作为增发缺口的代理变量，并代入公式 (9) 至公式 (11) 进行回归分析。由于篇幅限制而未列示的结果表明，结论与上文基本一致。这说明本文衡量募集资金规模缺口的模型具有较强的稳健性和解释力。第二，考虑到部分定向增发从预案公告日到股权变动日的周期可能长于 1 年，本文使用增发前两年的年度 ROE 指标进行了稳健性分析。由于篇幅限制而未列示的结果表明，增发前两年大股东参与组的财务绩效仍低于非参与组，同时大股东更倾向于参与增发前两年业绩更差的公司。另外，以增发前两年的年度 ROE 为基准，大股东参与组在增发当年、后一年和后两年的 ROE 增量仍显著大于大股东非参与组，从而验证了本文结论的稳健性。第三，上文已证实，大股东以资产认购时产生的"支持"作用更为迅速。进一步，本文单独考察大股东以现金认购的情形，分析其是否带来上市公司财务绩效的增长，以及业绩是否逐步释放。表9 列示了单变量检验和回归分析的结果，为了增强结论的稳健性，本文将考察范围延伸至定向增发后三年。由 Panel A 可知，在定向增发当年，大股东参与组的 ROE 增量小于大股东非参与组，但并不显著。在定向增发后一年，两组之间的 ROE 增量之差由负转正，但仍不具有统计意义上的显著性。然而,对于定向增发后两年和后三年,大股东参与组的 ROE 增量在均值和中位数上均显著大于大股东非参与组。进一步,Panel B 列示了回归分析的结果,可以发现对于增发当年和后一年,PART 的系数由负转正,但均不具有统计意义上的显著性。然而,从定向增发后两年起,PART 的系数均显著为正。上述结果说明,大股东使用现金认购同样能够起到"支持"作用,且公司业绩存在逐步释放的过程,从而验证了本文结论的稳健性。

表 8　　　　　　　　现金认购下大股东参与对财务绩效的影响

Panel A:单变量检验

考察指标	平均值			t 值	中位数			z 值
	大股东参与组(1)	大股东非参与组(2)	(1)－(2)		大股东参与组(1)	大股东非参与组(2)	(1)－(2)	
ΔROE_t	－1.92	－2.15	－0.23	－0.21 (0.41)	－1.81	－1.74	－0.07	0.07 (0.79)
ΔROE_{t+1}	－3.92	－4.77	0.85	0.80 (0.21)	－3.10	－3.83	0.73	1.46 (0.23)
ΔROE_{t+2}	－4.85	－6.73	1.87	1.56** (0.05)	－3.50	－5.74	2.24	3.40* (0.06)
ΔROE_{t+3}	－1.43	－5.75	4.32	2.08** (0.02)	－1.82	－4.46	2.64	8.43*** (0.00)
观测数量	155	210			259	240		

Panel B:回归分析

变量及指标	ΔROE_t	ΔROE_{t+1}	ΔROE_{t+2}	ΔROE_{t+3}
PART	－0.3676 (－0.30)	0.6971 (0.61)	1.9380* (1.64)	3.8694* (1.79)
CONTROLS	控制	控制	控制	控制
F 值	1.81***	5.85***	3.48***	1.72**
R^2	0.0615	0.0971	0.1060	0.1492
观测数量	365	365	365	365

注:(1) Panel A 的括号内为 p 值,Panel B 的括号内为 t 值;*、**、***分别表示在10%、5%、1%水平上显著;(2) 回归系数标准误采用异方差稳健标准误估计。

五、研究结论

本文从财务绩效的角度对上市公司大股东参与定向增发的"支持"行为进行检验,证实了大股东参与组在增发后的财务绩效显著优于大股东非参与组。进一步,本文发现大股东参与组在增发前未进行盈余管理,而具有择时动机。另外,通过增发缺口模型的构建,本文发现财务绩效增长的内在机制是大股东倾向于为上市公司提供更多的资源支持,且以资产认购会使财务绩效增长更为迅速。上述结论验证了大股东"支持"行为的存在性,并丰富了探讨"支持"机制的文献。基于以上研究成果，本文提出如下几点政策建议：第一，应当对大股东未参与的定向增发加强监管，其在财务绩效增长方面受到的抑制表明募集资金或收购的资产并没有对企业发展起到良好的促进作用，很可能因管理层自利或大股东侵占等公司治理问题导致过度融资和募集资金的滥用。因此，限制募集资金规模，完善审计监督是必要的举措。第二，本文证实了大股东参与定向增发其实是一种集团内的优化资源配置行为，应当在符合监管要求的基础上保证大股东能够实现这一目标，这有利于资本市场的市场化进程。然而，必要的监管手段仍不可或缺，例如保持对盈余管理行为的监管力度，以及当大股东以资产认购涉及重大资产重组时，需防止大股东随意修改业绩承诺，并完善补偿机制，推行股份补偿而非现金补偿，以保证中小投资者的利益。第三，对于大股东以现金认购的情形，重点关注其资金来源问题，应利用穿透测试等手段防范其为了追求高收益率而使用杠杆资金，有效控制风险。

参考文献

[1] 陈艳，等. 现金股利迎合、再融资需求与企业投资——投资效率视角下的半强制分红政策有效性研究 [J]. 会计研究，2015 (11)：69 – 75.

[2] 邓路，等. 上市公司定向增发长期市场表现：过度乐观还是反应不足？[J]. 中国软科学，2011 (6).

[3] 邓路，廖明情. 上市公司定向增发方式选择：基于投资者异质信念视角 [J]. 会计研究，2013 (7).

[4] 郭思永. 投资者保护、定向增发和财富转移 [J]. 当代经济科学，2012 (2)：71 – 79.

[5] 郭思永. 缘何大股东会认购定向增发股份？[J]. 证券市场导报，2013 (4)：55 – 61.

[6] 姜付秀，等. 产品市场竞争、公司治理与代理成本 [J]. 世界经济，2009 (10)：46 – 59.

[7] 李彬，等. 大股东参与、定增并购主体关联与利益输送 [J]. 经济与管理研究，2015 (8)：107 – 115.

[8] 李小军，等. 股权再融资业绩之"谜"：基于过度融资的证据 [J]. 财会月刊，2015 (6)：14 – 18.

[9] 李增泉，等. 掏空、支持与并购重组——来自我国上市公司的经验证据 [J]. 经济研究，2005 (1)：95 – 105.

[10] 廖理，张学勇. 全流通纠正终极控制者利益取向的有效性——来自中国家族上市公司的证据 [J]. 经济研究，2008 (8)：77 – 89.

[11] 廖理. 股权分置改革与中国资本市场 [M]. 北京：商务印书馆，2012.

[12] 陆正飞，杨德明. 商业信用：替代性融资，还是买方市场？[J]. 管理世界，2011 (4)：6 – 14.

[13] 倪中新，等. 终极所有权视角下的上市公司股权融资偏好研究——控制权私利与融资需求分离 [J]. 财经研究，2015，41 (1)：132 – 144.

[14] 孙健，等. 定向增发对象、目的与预案公告择时行为 [J]. 厦门大学学报（哲学社会科学版），2017 (2).

[15] 王浩，刘碧波. 定向增发：大股东支持还是利益输送 [J]. 中国工业经济，2011 (10)：119 – 129.

[16] 吴超鹏，等. 风险投资对上市公司投融资行为影响的实证研究 [J]. 经济研究，2012 (1)：105 – 119.

[17] 吴育辉，等. 时机选择、停牌操控与控股股东掏空——来自中国上市公司定向增发的证据

[J]. 厦门大学学报（哲学社会科学版），2013（1）：46-55.

[18] 许荣，刘洋. 效率促进还是掏空——大股东参与定向增发的效应研究 [J]. 经济理论与经济管理，2012，V32（6）：71-82.

[19] 喻坤，等. 企业投资效率之谜：融资约束假说与货币政策冲击 [J]. 经济研究，2014（5）：106-120.

[20] 章卫东. 定向增发新股与盈余管理——来自中国证券市场的经验证据 [J]. 管理世界，2010（1）：54-63.

[21] 张祥建，郭岚. 资产注入、大股东寻租行为与资本配置效率 [J]. 金融研究，2008（2）：98-112.

[22] 朱红军，等. 定向增发"盛宴"背后的利益输送：现象、理论根源与制度成因——基于驰宏锌锗的案例研究 [J]. 管理世界，2008（6）：136-147.

[23] Bo, H., Huang, Z., Wang, C. Understanding seasoned equity offerings of Chinese firms [J]. *Journal of Banking and Finance*, 2011, 35（5）：1143-1157.

[24] Buchuk, D., Larrain, B., Muñoz, F., et al. The internal capital markets of business groups: Evidence from intra-group loans [J]. *Journal of Financial Economics*, 2014, 112（2）：190-212.

[25] Burgstahler D., Dichev I. Earnings Management to Avoid Earnings Decreases and Losses [J]. *Journal of Accounting and Economics*, 1997, 24（1）：99-126.

[26] Chen, A. S., Cheng, L. Y., Cheng, K. F., et al. Earnings management, market discounts and the performance of private equity placements [J]. *Journal of Banking and Finance*, 2010, 34（8）：0-1932.

[27] Chen, K. C. W., Yuan, H. Q. Earnings Management and Capital Resource Allocation: Evidence From China's Accounting-Based Regulation of Rights Issues [J]. *The Accounting Review*, 2004, 79（3）：645-665.

[28] Dechow, P. M., Sloan, R. G., Sweeney, A. P. Detecting Earnings Management [J]. *The Accounting Review*, 1995, 70（2）：193-225.

[29] Durnev, A., Kim, E. H. To Steal or Not to Steal: Firm Attributes, Legal Environment, and Valuation [J]. *The Journal of Finance*, 2005, 60（3）：1461-1493.

[30] Filatotchev, I., R. Kepelyushnikov, N. Dyomina, S. Aukusionek. The Effects of Ownership Concentration on Investment and Performance in Privatized Firms in Russia [J]. *Managerial and Edcision Economics*, 2001, 22（3）：299-313.

[31] Friedman, E., Johnson. S., Mitton. T. Propping and tunneling [J]. *Journal of Comparative Economics*, 2003, 31（4）：732-750.

[32] Haw, I. M., Daqing, Q. I., Donghui, W. U., et al. Market Consequences of Earnings Management in Response to Security Regulations in China [J]. *Contemporary Accounting Research*, 2010, 22（1）：95-140.

[33] Jones, Jennifer, J. Earnings Management During Import Relief Investigations [J]. *Journal of Accounting Research*, 1991, 29（2）：193.

[34] Krishnamurthy, S., Spindt, P., Subramaniam, V., et al. Does investor identity matter in equity issues? Evidence from private placements [J]. *Journal of Financial Intermediation*, 2004, 14（2）：210-238.

[35] Li, X., Zhao, X. Propensity score matching and abnormal performance after seasoned equity offerings [J]. *Journal of Empirical Finance*, 2006, 13（3）：351-370.

[36] Morck, R., Shleifer, A., Vishny, R. W. Management ownership and market valuation: An em-

pirical analysis [J]. *Journal of Financial Economics*, 1988, 20 (88): 293-315.

[37] Myers, S., Majluf, N. Corporate Financing and Investment Decisions when Firms Have Information that Investors Do Not Have [J]. *Journal of Financial Economics*, 1984, 13: 187-221.

[38] Porta, R. L., Lopez-De-Silanes, F., Shleifer, A. Corporate Ownership Around the World [J]. *The Journal of Finance*, 1999, 54 (2): 471-517.

[39] Richardson, S. Over-investment of free cash flow [J]. *Review of Accounting Studies*, 2006, 11 (2-3): 159-189.

[40] Riyanto, Y. E., Toolsema, L. A. Tunneling and propping: A justification for pyramidal ownership [J]. *Journal of Banking and Finance*, 2008, 32 (10): 2178-2187.

[41] Yoon, S. S., Miller, G. Earnings management of seasoned equity offering firms in Korea [J]. *International Journal of Accounting*, 2002, 37 (1): 57-78.

[42] Zhao, Y., X. Xia, X. Tang, W. Cao, X. Liu and Y. Fan. Private Placements, Cash Dividends and Interests Transfer: Empirical Evidence from Chinese Listed Firms [J]. *International Review of Economics and Finance*, 2015 (36): 107-118.

Supporting Mechanism of Large Shareholders Subscribing for Private Placement of Equity

—Based on Timing Propensity and Resource Allocation

Hongbo Shen   Linghao Hua   Yun Zong

(*School of Economics, Fudan University, Shanghai* 200433, *China*)

Abstract: Based on the financial data in Chinese security market from 2006-2013, this paper verifies the propping effect of major shareholders' participation in private placement of equity and scrutinizes the underlying mechanism from the perspective of timing and resource allocation for the first time. We find that samples whose major shareholders take part in the private placement enjoy significantly larger improvement in operating performance, which is also positively related to major shareholders' purchasing ratio. Additionally, major shareholders purchasing equity by assets will lead to swifter performance improvement, while purchasing by cash helps performance improve gradually. Further analysis of propping mechanism is divided into two parts. On one hand, weaker operating performance before private placement of participation sample is detected. However, purposely earnings management is not the underlying reason. It turns out that major shareholders tend to purchase new shares when a firm's operating performance hits bottom. On the other hand, through an innovative "issuing gap" model, we verify that major shareholders tend to inject more resources into the company, which induces better accounting performance. This paper provides supervision authority with both theoretical and empirical foundation to adjust its supervising policy towards the participation of major shareholders in private placement of equity.

Keywords: Private Placement of Equity; Participation of Major Shareholders; Propping Mechanism; Operating Performance; Timing; Resource Allocation

资本市场开放能够降低噪声交易程度吗？
——基于沪港通的经验证据

◎李学峰　张亚涛[①]

内容摘要：沪港通实现了境内外投资者的双向开放，为提高中国证券市场运行效率带来了新的契机。本文基于噪声交易的研究视角，运用双重差分固定效应模型，分别从不同期间、不同市场开放程度入手，研究以沪港通为代表的资本市场开放对噪声交易的影响。本文发现，沪港通的实施通过扩大股票投资者基础、优化市场投资者结构和降低信息不对称给资本市场带来积极影响。资本市场开放程度的提升，降低了噪声交易程度，有利于缓解A股市场的投机氛围。本文拓展了资本市场开放的经济后果的研究，也为沪港通的进一步推行提供了理论证据。

关键词：沪港通；噪声交易；资本市场开放

一、引言

改革开放以来，沪深两市走过了30多年历程，中国股市已成长为全球重要的新兴市场，为中国经济社会发展作出了重要贡献。在这一过程中特别是近年来我国资本市场的开放举措不断推出，其中一个重要的机制安排就是沪港股票市场交易互通互联机制试点（以下简称沪港通）于2014年11月17日正式开通。沪港通分为沪股通和港股通，境外投资者可以通过沪股通持有内地股票。截至2019年12月沪股通的累计成交额已突破9万亿元。作为内地与香港股票市场交易互联互通的创新机制，沪港通不仅增强了我国资本市场国际化、法治化和市场化水平，还加强了沪港两市的互联互通，吸引了更多机构投资者，优化了投资者结构，并为投资者优化了资产配置。

在此现实背景下，包括沪港通在内的资本市场开放给中国带来的经济影响已然成为学

---

① 作者简介：李学峰，南开大学金融学院，教授，研究方向：资本市场与行为金融。
　　张亚涛，南开大学金融学院，博士生，研究方向：资本市场和基金治理。
基金项目：2020年国家和社科基金后期资助项目（20FJYB016）。

术界和实务界共同关注的重要问题。但是学术界在这方面的研究大多关注沪港通对股价波动、股利政策、融资成本（Gupta 和 Yuan，2009）、经营效率（Guadalupe 等，2012）和企业投资效率（陈运森，2019）等方面，极少涉及噪声交易领域。正如已有大量研究（苏冬蔚，2008；李学峰和李佳明，2011；李学峰等，2013；李萌和李姝霏，2017）所证实的，包括深圳证券市场和上海证券市场在内的我国股票市场充斥着大量与股票信息无关的噪声，使资本市场的价格产生较大的波动性（姚远等，2019），不仅影响了市场效率（杨胜刚和卢向前，2003），还降低了资产配置效率（窦颖，2015；韩汉君和燕麟，2017）。而2014 年沪港通的推出，正是我国通过扩大资本市场对外开放、引入境外成熟的投资理念，从而逐步改善投资者结构、提高市场运行效率而进行的重要尝试。那么，沪港通对沪市的噪声交易产生了怎样的影响？是否有助于降低噪声交易？厘清这些问题不仅有助于完善深港通、债券通等相关政策，而且对我们理解噪声交易的产生与治理、探索中国资本市场对外开放的方法和节奏以及市场监管等都具有重要的理论意义和实践价值。

而就研究的可行性来看，由于缺乏较为外生的政策冲击，导致现有文献较难解决潜在的内生性问题。幸运的是，2014 年 11 月 17 日开通的沪港通取消了沪市 568 只股票对于香港投资者的交易限制，这使得受政策影响的标的公司和不受政策影响的非标的公司为我们提供了很好的实验组和对照组样本，进而为资本市场开放的研究提供了合适的实验环境。

本文充分利用了中国股票市场特殊的制度背景和市场实践——沪港通这一准自然实验，并借助面板数据，通过双重差分固定效应模型（DID—FE）检验了资本市场开放对噪声交易和市场质量的影响。考虑到市场开放随时间变化的特性，本文不仅分别探究了短期（沪港通前后 6 个月）和长期（沪港通前后 24 个月）不同期间的影响以及不同市场开放程度对噪声交易的影响，运用科学合理的实证方法，分析资本市场开放和我国股市噪声交易的经验关系。

本文的贡献如下：

第一，从噪声交易的角度来看，资本市场开放所应具有的功效即是打破市场分割，扩大投资者基础和提升投资者的整体水平，进而实现降低噪声交易的作用。但现实中资本市场开放是否真的达到了降低噪声交易的功效？现有研究并没有给出答案。相对于以往文献，本文利用沪港通实施这一准自然实验，缓解了以往研究难以解决的内生性问题，研究了资本市场开放和投资者噪声交易程度之间的关系，从而既丰富了资本市场开放领域的研究，又深化了对噪声交易的理论分析。对我国制定科学的资本市场开放政策、促进我国资本市场噪声交易等非理性行为程度的降低都具有重要的理论和现实意义。

第二，本文还具有较强的现实意义。从 QFII 制度的建立，到股票市场、债券市场互联互通机制的实施，再到 A 股纳入 MSCI 指数，实际上都体现了我国资本市场对外开放水平的不断提升。本文的结论突出了外资政策透明、稳定、可预期对于提高我国投资者决策质量和资本市场健康发展的重要性，不仅对理解党的十九大以来提出的"深化资本市场对外开放"和"金融服务实体经济"的系列改革具有重要的启示作用，而且对深港通和沪伦通，以及即将推行的沪德通等具体措施有着指导意义。

二、文献综述

(一) 资本市场开放相关问题的理论研究

在经济全球化的背景下,中国的资本市场开放已经成为一种趋势。资本市场开放相关问题也受到国内外学者的广泛关注,但是资本市场开放究竟会造成何种经济结果?一直是国内外学者关注的热点问题。支持方认为资本市场对外开放能够通过引入境外投资者,从而加强治理效应,提高信息披露质量,促进股票定价效率的提升(Gul等,2006;Umutlu,2009;Bae等,2012;田利辉,2006;姚铮和汤彦峰,2009;张宗益和宋增基,2010;饶育蕾等,2013),抑制股价的异质性波动(陆瑶等,2018),并且降低股票的波动性(许从宝等,2016;纪彰波和臧日宏,2019)。然而,反对的学者则认为资本市场对外开放加剧了一国经济体与国际市场之间的联动性,风险传染效应加剧了资本市场波动风险(Stiglitz,2002;Bai和Chow,2017);国际资本流动会对金融的稳定性产生冲击(孔仪方,2017;张涛,2018);境外的投资者的行为会加剧当地市场的股价波动(Dvorak,2001;Wang,2006);而且,与境内投资者相比,境外投资者虽具有较强的信息分析处理能力,可是却缺乏相应的本地信息,存在较高的短期行为(Choe等,2005),降低了股票定价效率(Chan等,2008)。沪港通等互联互通机制的实施则为分析资本市场对外开放能否实现相应的积极效应提供了一个良好契机,本文拟从现实市场中普遍存在的噪声交易这一视角出发,深入分析沪港通实施对资本市场的影响,为我国沪港通的经济效应提供相应的理论证据,也为包括深港通在内的资本市场开放措施的实施提供重要的经验借鉴。

(二) 有关噪声交易的理论研究

20世纪70年代以来,随着行为金融理论的兴起,证券市场的噪声交易开始得到广泛关注。大量文献对噪声交易给资本市场带来的影响进行了研究,研究认为噪声交易不仅会使资产价格偏离实际价值造成资产价格剧烈波动(De Long等,1990),而且还会降低市场有效性(苏冬蔚,2008;Tokic,2009)和流动性(Wang,2005;陈春春,2019)。在噪声交易的成因方面,一般认为交易者的认知偏差和不对称的信息是噪声形成的根本原因(于洋,2014),一方面,与机构投资者相比,个人投资者是市场中出现噪声交易的主要原因(祁斌等,2006;胡大春和金赛男,2007;刘维奇和刘新新,2014),因为与个人投资者相比,机构投资者的资金规模和人才优势明显,具有丰富的投资知识和理性的投资理念,他们的参与可以缓解噪声交易(王晓彦和石涛,2018)。另一方面,投资者在收集信息能力方面存在明显的差异,进而导致了噪声交易的发生(Knyazeva,2018)。

综上所述,虽然国内已经有学者研究沪港通开通对资本市场的影响,但是主要集中在股票信息含量(袁媛,2019)、企业风险、资本成本、资本结构调整(程利敏等,2019)、股价崩盘风险(华鸣和孙谦,2018)、公司治理(王倩等,2016)、信息披露环境等方面,鲜有学者研究资本市场开放对噪声交易的影响;此外,大多数对噪声交易的研究都是基于一个静态的环境,即资本市场开放程度这一外生条件是不变的。但是,由上述研究噪声交易的文献可知,导致噪声交易的重要原因在于投资者的认知偏差和信息不对称,那么随着资本市场开放特别是随着时间的推移资本市场的开放程度不断深化、投资者的构成和信息的不对称性等外部条件都会发生变化,从而可能会对噪声交易产生影响。由此就需要我们研究并回答:沪港通这一资本市场开放措施是否会影响噪声交易?又是怎样的影响呢?对这些问题的研究和回答不仅可以使我们更为深层次地考察资本市场开放的效果,还可以帮助我们更好地理解噪声交易的产生及其变化,从而为资本市场进一步开放的政策选择与设计、为降低噪声交易并提高市场有效性的监管政策等提供理论与实证启示。

与已有研究相比,本文的特点在于充分利用中国股票市场特殊的制度背景和市场实践。沪港通"一市两制"的部分开放模式为我们提供了天然的实验组和对照组,借助这一准自然实验,本文通过双重差分固定效应模型(DID-FE)解决以往这一研究领域所面临的内生性问题。考虑到市场开放随时间变化的特性,我们分别探究了短期和长期不同期间的影响以及不同市场开放程度对噪声交易的影响,以期得到更为稳健的结果。

三、研究设计

(一)实证分析模型

本文利用沪港通开通这一准自然实验,采用非平衡面板数据构建双重差分固定效应(DID-FE)模型进行分析,模型的具体形式如下:

$$Noise_{i,t} = \alpha_0 + \alpha \times Event + \beta \times Connect\_List_{i,t} \times Event + \lambda Controls_{i,t} + v_i + e_i + \varepsilon_{i,t} \tag{1}$$

其中,被解释变量 $Noise_{i,t}$,表示股票 i 在 t 期的噪声交易的衡量指标;$Connect\_List_{i,t}$ 为虚拟变量,如果股票 i 在 t 期为沪港通标的股票,则 $Connect\_List_{i,t}$ 取值为1,否则取值为0;$Event$ 为时间虚拟变量,在沪港通实施前 $Event=0$,在沪港通实施之后 $Event=1$;$Controls_{i,t}$ 表示股票 i 在 t 期对应的控制变量;v_i 和 e_i 分别表示个体固定效应和月度时间固定效应;$\varepsilon_{i,t}$ 为随机误差项。模型(1)的形式不同于一般的双重差分模型,这里并未单独包含 $Connect\_List$ 变量,因为它已经包含在个体固定效应和时间固定效应中。交互项 $Connect\_List \times Event$ 的系数 β 反映了沪港通的净政策效应,如果回归系数 β 显著,则能够证明沪港通的开通确实影响了标的股票的噪声交易。

考虑到 DID 模型在应用中存在的序列相关问题,从而可能高估估计参数的显著性水平,本文所有估计模型采用的标准误都是在公司个股层面进行聚类(Cluster)调整后的稳健标准误[①]。

---

① 面板数据通常假设不同个体之间的扰动项相互独立,但无法排除同一个体内部扰动项相关,聚类标准误反映了不同观测值之间是如何关联的。

(二) 噪声交易的度量

苏冬蔚 (2008) 根据 De Long 等 (1990) 的思路,提出了噪声交易的测算方法,具体步骤如下:

首先,根据式 (2) 为样本股确定配对组合。

$$Y_{j,l} = \left[\frac{P_j^O - P_{j,l}^C}{(P_j^O + P_{j,l}^C)/2}\right]^2 + \left[\frac{M_j^O - M_{j,l}^C}{(M_j^O + M_{j,l}^C)/2}\right]^2 + \left[\frac{BM_j^O - BM_{j,l}^C}{(BM_j^O + BM_{j,l}^C)/2}\right]^2 + \left[\frac{DA_j^O - DA_{j,l}^C}{(DA_j^O + DA_{j,l}^C)/2}\right]^2 \tag{2}$$

其中,P_j^O 和 $P_{j,l}^C$ 为研究样本股 j 及其候选配对股 l 的收盘价,M_j^O 和 $M_{j,l}^C$ 为同日 j 和 l 的股东权益总市值,BM_j^O 和 $BM_{j,l}^C$ 为样本股和候选配对股 l 的资产负债率(长期负债账面值除以总资产账面值)。对股票 j,尽量选择其同行业或相关行业 $Y_{j,l}$ [如式 (2)] 最低的 2~3 家上市公司作为配对股,使配对股 l 与 j 具有大致相同的系统性风险,以此建立起控制样本。

其次,计算收益率。本文选用的是日度交易数据,以此计算各样本股收益率。然后根据下述公式计算日收益率:

$$r_{j,t}^O = 1000 \times (\ln P_{j,t}^{O,C} - \ln P_{j,t}^{O,O}) \tag{3}$$

$$r_{j,t}^C = 1000 \times \left[\frac{1}{\sum_{l=1}^{L} M_{j,l}^C}\right] \sum_{l=1}^{L} M_{j,l}^C (\ln P_{j,l,t}^{C,C} - \ln P_{j,l,t}^{C,O}) \tag{4}$$

其中,$r_{j,t}^O$ 和 $r_{j,t}^C$ 分别代表研究样本 j 及其配对组合 i 的对数收益率,$P_{j,t}^{O,C}$ 和 $P_{j,t}^{O,O}$ 分别为股票 j 的收盘价和开盘价。$P_{j,l,t}^{C,C}$ 和 $P_{j,l,t}^{C,O}$ 分别为配对股 $l(l = 1,\cdots,L,L \leq 3)$ 的收盘价和开盘价。

最后,在假设噪声交易与基本面因素无关的基础上,本文根据 De Long 等 (1990) 的理论模型苏冬蔚 (2008) 的思路,通过以下线性回归,估计出噪声交易高频时间序列。

$$r_{j,t}^O = \alpha_j + \beta_j r_{j,t}^C + \gamma_j r_{j,t+1}^C + \varepsilon_{j,t} \tag{5}$$

研究样本与其配对样本隶属相同或相近行业且具有类似的股价、规模、账面值—市值比以及财务杠杆,所以两者必然拥有共同的基本面因素。回归 (5) 将 j 的收益分解为与基本面相关的收益 $\alpha_j + \beta_j r_{j,t}^C + \gamma_j r_{j,t+1}^C$ 及与基本面正交的收益(即残差 $\hat{\varepsilon}_{j,t}$),前者体现了研究样本及其配对组合收益所受基本面因素的影响而后者则与基本面无关。在此基础上,本文用残差平方(即与基本面正交的收益波动)衡量噪声交易程度,如式 (6) 所示。

$$Noise_{j,t} = \frac{\hat{\varepsilon}_{j,t}^2}{100} \tag{6}$$

(三) 股价信息含量的度量

我们用如下回归模型度量股价信息质量:

$$r_{it} = \alpha_1 + \beta \times r_{mt} + e_{it} \tag{7}$$

其中,r_{mt} 和 r_{it} 分别为股票 i 的日收益率和市场的日收益率。上述回归方程的决定系数 R^2 代表公司股价变动能够被市场波动所解释的部分。相应地,未被解释部分代表了公司层面的特质风险 ($1-R^2$)。但由于 R^2 的取值介于 0 和 1 之间,给实证估计带来了困难,因此我们按照以往做法,对 ($1-R^2$) 进行对数转换:

$$PI_i = \log\left(\frac{1 - R_i^2}{R_i^2}\right) \tag{8}$$

PI 的数值越高,代表股价波动的同步性越低,也就是说股票价格具有更多的信息含量。

(四) 控制变量

基于已有研究 (宋飞和李明, 2011), 我们在实证分析中对可能影响噪声交易的其他因素加以控制, 控制变量的设置如表 1 所示:

表 1　　变量定义及说明

变量名	变量定义及说明
DPS	每股股利。公司发放总股利/总股本数,用于反映公司股利支付的绝对水平。
DR	股利支付率。每股股利/每股盈余,用于反映公司股利支付的相对水平。
NDA	可操纵性应计利润。用于反映会计信息质量,本文拟采用 Jones 模型进行计算。
ER	股票超额收益率。股票 i 的收益率减去沪市 A 股综合指数收益率来衡量。
CO	股权集中度。前十大股东持股数/总股数。
Growth	代表公司成长性,为公司 i 当年资本性支出/当年末总资产。
Size	代表公司规模,为公司 i 当年末总资产的自然对数。

(五) 数据来源

本文选取的总样本期间为 2014 年 11 月 17 日沪港通正式实施前后各 2 年的时间, 即 2012 年 11 月 1 日至 2014 年 10 月 31 日和 2014 年 12 月 1 日至 2016 年 11 月 30 日上海证券交易市场中上市公司的相关数据, 以及上证综指的日度行情数据。为保证噪声交易度量的可靠性, 剔除金融行业的上市公司, 剔除各期间内的 ST 公司及数据缺失的公司。公司财务数据等来自 Wind 数据库。股票价格行情数据来自 CSMAR 数据库。

以 2014 年 11 月 17 日为事件日, 以该事件日 (含) 为节点的所有沪港通标的且在未来一期内未被剔除沪港通标的范围的股票作为实验组, 以该事件日 (含) 为节点的所有沪市非沪股通标的股票且在未来一期内未被纳入沪股通标的范围的股票作为对照组。计划得到短期 (沪港通前后各 6 个月) 标的股票和非标的股票, 并得到长期 (沪港通前后各 24 个月) 标的股票和非标的股票。

四、实证结果

表 2 展示了沪港通实施前后两年主要变量的描述性统计结果。从整体的噪声交易指标来看, 一方面, 在沪港通实施前两组样本在噪声交易上就表现出内在差异, 标的股票的噪声交易程度更低; 另一方面, 针对各组样本事件前后, 无论是标的股票还是非标的股票的噪声交易程度在事件发生前后都有明显的变化。描述性统计中展现的两组样本之间的内在差异以及事件前后的时间趋势印证了本文采用双重差分模型的合理性与必要性。

表2　　　　　　　　　　　　主要变量的描述性统计

Variable	组别	平均值		方差		Min		Max	
		事件前	事件后	事件前	事件后	事件前	事件后	事件前	事件后
Noise	T	0.032	0.037	0.026	0.043	$3.91e-5$	$1.31e-5$	0.460	0.082
	C	0.037	0.042	0.027	0.049	$2.14e-5$	$2.73e-5$	0.603	0.079
控制变量的描述性统计									
Size		22.677		1.738		16.520		30.732	
ER		0.280		3.103		-22.759		23.599	
Growth		0.041		0.044		0.00		0.426	
NDA		0.029		0.018		0.003		0.063	
DR		0.090		0.113		0.000		0.400	
DPS		0.264		0.657		0.000		27.261	
CO		59.622		16.217		3.588		100	

注：表格内数值保留三位小数。
T 代表处理组（Treat Group），指沪股通标的股票；C 代表控制组（Control Group），指非沪股通标的股票。
资料来源：Wind 和 CSAMAR 数据库。

五、实证分析

（一）沪港通实施后的不同期间对噪声交易的影响

我们首先从沪港通对噪声交易程度的影响进行估计，表3中 Panel A 和 Panel B 分别展示了短期和长期的回归结果。在短期 $Connect\_list \times Event$ 的回归系数为正，但是不显著，说明在短期内，沪港通的实施不会对噪声交易产生影响。但是在长期，如 Panel B 所示，交互项的回归系数显著为负，说明在沪港通实施后的长期，标的股票的噪声交易程度下降了。短期和长期的结论不同让我们无法准确判断沪港通给股票市场上的噪声交易带来的影响，在这种情况下，不能简单地认为沪港通的实施在短期内不会对噪声交易产生影响、在长期会降低噪声交易程度。因为市场开放会随着时间的移动而发生变化，不同期间所产生的差异化影响可能是市场开放程度变化所导致的，因此想要得到明确的结论，还需要进一步探究在不同市场开放程度下，沪港通对股票的噪声交易带来的影响。

（二）不同开放程度下沪港通对噪声交易程度的影响

以某一事件日为基础的窗口期分析忽视了市场开放是一个随时间动态调整的过程，所以有必要进一步探究不同市场开放程度下可能带来的差异化影响。在已有的文献中，衡量市场开放程度有两种方法，一种是考虑政策制度的调整，另一种是考虑资金流动情况的变化（Umutlu 等，2010）。自沪港通实施以来，尚未进行过重大的制度调整，只是针对标的股票范围进行微调。所以本文采用资金流动情况的变化来反映市场开放程度。具体地，沪港通实施以来，交易所并没有公布各标的股票的北向资金成交情况和持股比例，但统计了整个市场的北向沪股通的成交情况，考虑到本文采用以月度为时间单位的面板数据，我们整理了沪港通实施以来北向沪股通各月总成交金额（见图1）。可以看到，在不同月份北向沪股通的成交金额表现出较大的差异，在成交金额较高的月份体现了较高的市场开放水平；反之，意味着市场开放水平较低。我们将沪港通实施后的24个月按北向沪股通成交金额的多少分为两组，其中成交金额较高的12个月代表市场开放程度高（Panel D），成交金额较低的12个月代表市场开放程度低（Panel C），对两组子样本分别进行回归，并进行回归结果的比较。

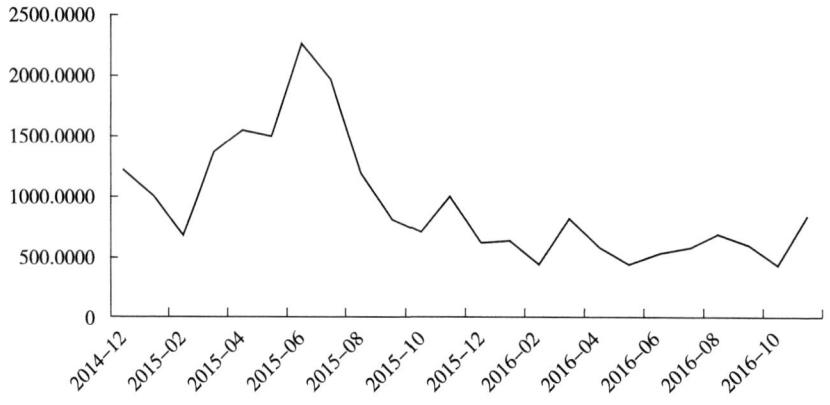

图1　沪股通实施以来北向沪股通各月总成交金额

首先考察市场不同开放程度对股票噪声交易程度的影响。表3 Panel C和Panel D展示了根据月成交金额多少分组回归的结果，可以看到，在市场开放程度较低（Panel C）的子样本中，交互项 $Connect\_list \times Event$ 对噪声交易的 t 值很小，不显著；而在开放程度较高（Panel D）的子样本中，交互项对噪声交易程度的回归系数在1%水平上显著为负。这说明当市场开放程度处于较低的水平时，沪港通的实施并不会对股票的噪声交易产生影响，但随着市场开放程度的提高，噪声交易程度会显著降低，改善了A股市场的投机氛围。

表3　双重差分固定效应模型（DID-FE）回归模型

变量	Panel A	Panel B	Panel C	Panel D
$Event$	0.594***	0.565***	0.203***	0.984***
	(68.10)	(99.52)	(36.10)	(143.95)
$Connect\_list \times Event$	0.009	-0.030***	-0.002	-0.0845***
	(0.72)	(-3.83)	(-0.28)	(-8.71)
NDA	-0.146	-0.622***	-0.0852	-0.435**
	(-0.51)	(-4.84)	(-0.71)	(-2.73)
$Growth$	-0.0441	1.257***	0.594***	0.449***
	(-0.23)	(16.04)	(8.18)	(4.63)
DR	0.0585	0.0461*	-0.0224	0.0762*
	(0.92)	(1.98)	(-1.04)	(2.46)

续表

变量	Panel A	Panel B	Panel C	Panel D
DPS	0.00545	0.00711	0.0116 ***	0.00506
	(0.84)	(1.95)	(3.61)	(1.17)
CO	-0.000372	-0.000252	-0.000547 **	-0.000271
	(-0.63)	(-1.25)	(-2.97)	(-1.01)
ER	-0.771 ***	-0.834 ***	-0.801 ***	-0.826 ***
	(-667.16)	(-1309.76)	(-1163.89)	(-1190.33)
$Size$	-0.0485 *	-0.190 ***	-0.0856 ***	-0.0807 ***
	(-2.55)	(-31.01)	(-15.47)	(-9.18)
$Cons$	4.610 ***	7.861 ***	5.534 ***	5.436 ***
	(10.71)	(57.01)	(44.32)	(27.45)
个体固定效应	控制	控制	控制	控制
时间固定效应	控制	控制	控制	控制
Adj. R^2	0.677	0.703	0.676	0.688

注：括号内为标准差；*、**、*** 分别表示在10%、5%、1%的水平下显著。下同。
资料来源：Wind 和 CSAMAR 数据库。

六、影响机制分析

正如本文的文献综述部分所指出的，产生噪声交易的原因一方面是因为交易者的认知偏差，另一方面则源于不对称的信息。由此本文即从投资者的基础扩大以及信息不对称这两个方面入手，对沪港通影响噪声交易的机制给出进一步的研究和揭示。

（一）投资者基础扩大与噪声交易

A 股市场以散户为主，他们交易频繁、追涨杀跌（杨胜刚，2002）、投资经验欠缺、对宏观和行业特点了解不足（祁斌等，2006；胡大春和金赛男，2007；刘维奇和刘新新，2014）。总之，散户更容易产生较为严重的认知偏差，那么由散户主导的市场噪声交易较大。相比较而言，国际市场的投资者以机构投资者为主，具有丰富的投资知识和较为成熟的投资理念，其产生认知偏差的程度会明显小于个人，对降低市场噪声是有促进作用的（王晓彦和石涛，2018）。因此，沪港通的实施便极有可能是通过吸引国际成熟投资者、扩大股票投资者基础、优化市场投资者结构这一路径降低噪声交易。

在具体的实证分析中，由于沪港通实施后必然伴随着境外投资者的进入以及投资者基础的扩大，因此对于该影响路径的检验应采用间接分析的方法。即在沪港通实施前，将各公司股票按照投资者基础的大小分为两组，如果这一影响机制成立的话，那些在沪港通实施前投资者基础薄弱的标的公司将会获得更大的市场开放红利，其噪声交易在沪港通后将会获得更显著的降低。

一国证券市场的投资者可分为境内投资者和境外投资者，在沪港通实施之前境外投资者进入 A 股的途径主要是 QFII 制度，所以相比于那些未有 QFII 持股的公司，获得 QFII 持股的公司便具有更加广泛的投资者基础①。本文根据在沪港通实施前的两年公司是否曾获得 QFII 持股，将样本分为两个子样本，曾获 QFII 持股代表沪港通实施前投资者基础广泛（Panel E），未有 QFII 持股代表沪港通实施前投资者基础薄弱（Panel F），对两组子样本分别进行回归，并对回归结果进行比较。

表 4 展示了根据沪港通实施前投资者基础分组回归的结果。可以看出，在沪港通实施前投资者基础较好的子样本中（Panel E），交互项 $Connect\_list \times Event$ 并不显著；而对于那些沪港通实施前投资者基础薄弱的标的股票（Panel F），交互项 $Connect\_list \times Event$ 的 t 值较大，均显著为负。两个子样本之间相反的结果证明了沪港通的实施扩大了公司股票投资者基础、优化了投资者结构（纪彰波和臧日宏，2019），从而降低噪声交易程度的内在作用机制②。

表 4 沪港通实施后对不同投资者基础股票噪声交易的影响

变量	Panel E	Panel F
$Event$	0.540 ***	0.576 ***
	(47.06)	(87.41)
$Connect\_list \times Event$	−0.000513	−0.0339 ***
	(−0.04)	(−3.35)
NDA	−0.559 *	−0.647 ***
	(−2.49)	(−4.14)
$GROWTH$	1.376 ***	1.196 ***
	(9.94)	(12.59)
DR	0.0507	0.0779 *
	(1.69)	(2.21)
DPS	−0.0315 *	0.00857 *
	(−2.13)	(2.22)
CO	−0.771 ***	−0.862 ***
	(−706.91)	(−1103.81)
ER	−0.000862 *	−0.0000218
	(−2.40)	(−0.09)

---

① 这一投资者基础的扩大不仅仅表现在被持股公司同时有了境内外投资者，更为重要的是改善了被持股公司的投资者结构——增加了 QFII 这一重要的机构投资者。

② 正如 Knyazeva（2018）指出的，投资者收集信息能力的不足导致了噪声交易的发生。那么当上市公司股票投资者基础扩大后，关注和研究公司信息的人即会增多，也就必将提高投资者信息搜集能力。特别是随着 QFII 的加入投资者结构得到了优化，包括 QFII 在内的机构投资者的信息搜集和解读能力显然高于个人投资者，进一步使得整体上的投资者信息搜集和研判能力得到提升，从而使得噪声交易程度得以降低。

续表

变量	Panel E	Panel F
LNSIZE	-0.317***	-0.169***
	(-21.58)	(-24.65)
CONS	10.62***	7.497***
	(31.07)	(49.21)
个体固定效应	控制	控制
时间固定效应	控制	控制
Adj. R^2	0.640	0.683

资料来源：Wind 和 CSAMAR 数据库。

（二）信息不对称与噪声交易

根据噪声交易理论的有关研究，信息不对称是噪声交易产生的重要原因之一（Shing Yang Hu, 2006），因此，信息不对称的降低可能会降低股票市场中的噪声交易（于洋，2014）。

沪港通通过知情交易直接促进公司特质信息纳入股票价格或通过优化公司治理机制间接地提高了股价信息含量（钟覃琳和陆正飞，2018）。考虑到资本市场开放的这一效果，沪港通的实施便极有可能是通过降低信息的不对称这一路径对噪声交易带来影响。如果成熟的外国投资者入场能够收集更多的私有信息（Knyazeva, 2018），增加知情交易强度，降低公司信息的不对称性，那么沪港通的启动将会显著降低信息不透明股票的噪声交易程度。而信息透明企业的股价本已充分反映了私有信息，因此沪港通对股价信息效率的修正作用会相对削弱，不会明显地降低股票的噪声交易程度。参照以往的研究（Bushman 等，2004），本文使用企业的信息质量 [式（8）] 这一指标将企业分成信息透明和信息不透明的两组并进行检验。

表 5 的回归结果显示，在沪港通实施前信息不透明的子样本（Panel F）中，交互项 $Connect\_list \times Event$ 显著为负，这说明对信息不透明的企业来说，沪港通的开放能显著降低股票的噪声交易。在沪港通实施前信息透明的子样本（Panel G）中，交互项 $Connect\_list \times Event$ 的系数不显著，对信息透明的企业来说沪港通的开放不会对其噪声交易产生显著的影响。这是因为，这些企业在沪港通开放之前股票市场已充分反映了其私有信息，境外机构投资者的进入并不能收集更多的信息，因此不会对股票的噪声交易产生影响；但是对于沪港通开通之前股票信息含量较低的股票来说，沪港通开通之后，成熟的境外投资者能够收集更多有关该股票的信息（Choe 等，2005），增加股票的信息含量，降低信息不对称程度（钟覃琳和陆正飞，2018），进而降低股票的噪声交易程度。因此，当企业的信息不对称程度较高时，资本市场开放能更显著地降低信息不对称程度，进而验证了沪港通可以通过降低信息不对称，进而降低噪声交易程度的结论。

表5　　　　　　　　　　　不同信息环境下的噪声交易

变量	Panel F	Panel G
$Eevent$	0.579 ***	0.549 ***
	(72.98)	(67.47)
$Connect\_list \times Event$	-0.00760	-0.0498 ***
	(-0.66)	(-4.48)
NDA	-0.671 ***	-0.571 **
	(-3.73)	(-3.09)
$Growth$	0.993 ***	1.627 ***
	(9.37)	(13.76)
DR	0.133 **	0.00391
	(3.24)	(0.14)
DPS	-0.0151 *	0.0197 ***
	(-2.50)	(4.34)
CO	-0.000591 *	0.000189
	(-2.13)	(0.64)
ER	-0.845 ***	-0.825 ***
	(-932.96)	(-919.20)
$Size$	-0.207 ***	-0.170 ***
	(-21.99)	(-20.98)
cons	8.303 ***	7.355 ***
	(39.58)	(39.74)
个体固定效应	控制	控制
时间固定效应	控制	控制
Adj. R^2	0.633	0.645

资料来源：Wind 和 CSAMAR 数据库。

七、稳健性分析

为了测试本文实证结果的敏感性，避免其受到所选用模型和变量的影响，本部分将分别通过更换因变量、安慰剂效应检验两个方面进行稳健性检验。

（一）更换因变量

我们参考陈春春（2019）在计算噪声交易序列时加入了上证指数的变化率（$Index_t$）。计算出新的噪声序列 $Noise_{i,t}^d$，也即采用如下式子来计算噪声交易序列：

$$r_{j,t}^O = \alpha_j + \beta_j r_{j,t}^C + \gamma_j r_{j,t+1}^C + \theta_j Index_t + \varepsilon_{j,t} \quad (9)$$

$$Noise_{j,t}^d = \frac{\hat{\varepsilon}_{j,t}^2}{100} \quad (10)$$

使用重新计算过的 $Noise_{i,t}^d$，我们对模型（1）重新进行回归。回归结果如表6 Panel H 所示，在沪港通实施后的长期，交互项 $Connect\_list \times Event$ 的回归系数均显著为负，与前文结果一致。

（二）安慰剂效应检验

如果标的股票噪声交易的降低确实由沪港通政策的实施所引起，那么假定以2013年11月1日为事件日，在该事件日前后一年，标的股票的股价噪声交易程度不应该存在显著的差异。安慰剂效应的检验结果如表6 Panel L 所示，交互项 $Connect\_list \times Event$ 的 t 值很小，不显著，间接支持了前文的研究结果。

表6　　稳健性检验

变量	Panel H	Panel L
$Event$	0.510***	−0.163**
	(114.93)	(−3.04)
$Connect\_list \times Event$	−0.0931***	0.143
	(−14.96)	(1.83)
NDA	−0.687***	−0.201
	(−6.84)	(−1.47)
$GROWTH$	0.935***	0.373***
	(15.26)	(4.42)
DR	0.0694***	−0.000766
	(3.81)	(−0.03)
DPS	0.0105***	0.00925**
	(3.70)	(2.85)
CO	−0.000260	−0.000452
	(−1.65)	(−1.74)
ER	0.0187***	−0.798***
	(37.54)	(−1025.41)
$LNSIZE$	−0.151***	−0.0977***
	(−31.55)	(−11.39)
$CONS$	3.810***	5.792***
	(35.32)	(29.94)
个体固定效应	控制	控制
时间固定效应	控制	控制
Adj. R^2	0.256	0.743

资料来源：Wind 数据库和 CSAMAR 数据库。

八、结论及政策启示

2014年11月沪港通的实施为资本市场开放与股票市场的噪声交易研究提供了很好的自然实验环境。本文利用2012年11月至2016年11月上海证券市场的日度面板数据，通过双重差分固定效应模型，分别从不同期间、不同市场开放程度入手，研究沪港通对噪声交易的影响，并对其内在影响机制进行了分析。本文的研究得到了如下结论和启示：

首先，在短期沪港通的实施对标的股票的噪声交易程度没有影响，但是长期会降低标的股票的噪声交易程度。这一结论启示我们，资本市场开放进程本身是一个长期的过程，而其开放效果的达到也需要一个较为长期的过程。换言之，无论是对资本市场的开放步骤还是对其开放效果的达到，我们都不能寄希望于一蹴而就，特别是当开放效果并不明显时，不要轻易否定资本市场开放政策。

其次，本文对沪港通实施后不同市场开放程度的检验发现，只有在市场开放程度较高的时期，标的股票的噪声交易程度才有了明显降低。也就是说，在交易总量较小的情况下资本市场的开放对资本市场的影响并不显著，只有增大股票市场的交易总量，才能降低噪声交易程度。这进一步启示我们，在资本市场动态开放的过程中，当开放的效果并不明显时，可能不是开放举措本身错了，而是开放的程度还不够而导致的。

最后，从影响机制来看，沪港通的实施通过扩大股票投资者基础、优化市场投资者结构和降低信息不对称程度，从而对资本市场带来积极影响。这不仅从本文的角度支持了已有研究所揭示的产生噪声交易的原因所在，更是使本文研究所得到的上述发现更为完整和深化：包括沪港通在内的资本市场开放措施，不仅能降低噪声交易，更是能够影响噪声交易的产生及其程度。

通过本文的实证研究，我们提出以下几点政策建议：

第一，在沪港通积累了一定成功经验的基础上，未来应继续从多层次多角度深入推进中国证券市场的对外开放。一方面，可以拓宽互联互通市场的范围，与纽约、伦敦、新加坡等更多的成熟证券市场建立互联互通机制，不断加深内地证券市场与世界金融市场的融合程度，不断丰富国际投资者进入A股市场的投资渠道，这将改善投资者结构和提升上市公司的信息披露质量，从而降低噪声交易；另一方面，可以对沪港通、深港通等已有制度进一步扩容，比如扩大标的股票范围、提升每日交易额度和总交易额度等，以使市场开放的效果更为显著。

第二，在资本市场对外开放的同时，一定要注重国内证券市场的改革。要不断规范交易制度和信息披露制度，建立健全以信息披露为中心的市场交易制度，要通过持续监管和精准监管，促使上市公司和大股东讲真话、做真账，提高上市公司的信息披露质量，努力营造良好的证券投资环境。

第三，进一步加大对投资者的投资教育力度，我国证券市场投资者专业素质低造成了我国证券市场中的噪声交易量的增加。在境外投资者进入资本市场后，噪声交易的程度明显降低了，这说明我国投资者的专业素较低，无法作出理性的投资决策。对投资者进行投资教育的同时,大力引入机构投资者,让分散的投资者能通过基金的方式有序地进入市场,这是提高投资者投资水平和效率的有效方式。

第四,从本文结论的启示中我们看到,资本市场开放效果的达到既需要时间的积累又需要程度的加深。这告诉我们在资本市场开放的政策取向上要敢于开放,即一方面不因开放效果的暂时不明显而动摇,另一方面要尽可能加大开放的力度与深度。

参考文献

[1] 陈春春. 噪声交易与股票流动性:兼对"正(负)相关"理论的评析及"流动性黑洞"现象的解释 [J]. 南方经济, 2019 (2): 51 - 68.

[2] 陈运森, 黄健峤. 股票市场开放与企业投资效率——基于"沪港通"的准自然实验 [J]. 金融研究, 2019 (8): 151 - 170.

[3] 程利敏, 唐建新, 徐飞, 等. 资本市场开放与上市公司资本结构调整——基于陆港通的实验检验 [J]. 国际金融研究, 2019 (10): 86 - 96.

[4] 窦颖. 我国证券市场噪声交易现状及对策分析 [J]. 江苏科技信息, 2015 (3): 17 - 19.

[5] 韩汉君, 燕麟. 我国股票市场价格机制与资金配置效率研究 [J]. 上海经济研究, 2017 (2): 95 - 105, 128.

[6] 胡大春, 金赛男. 基金持股比例与 A 股市场收益波动率的实证分析 [J]. 金融研究, 2007 (4): 129 - 142.

[7] 华鸣, 孙谦. 外国投资者降低了新兴市场股价崩盘风险吗——来自"沪港通"的经验证据 [J]. 当代财经, 2018 (1): 57 - 67.

[8] 纪彰波, 臧日宏. 资本市场开放能够提高股票价格稳定性吗?: 基于沪港通的经验证据 [J]. 世界经济研究, 2019 (5): 14 - 26, 52, 134.

[9] 孔仪方. 境内外金融市场指标与短期跨境资本流动的关联性分析——基于人民币汇率形成机制改革后的实证研究 [J]. 金融理论与教学, 2017 (1): 8 - 14.

[10] 李萌, 李姝霖. 噪声交易者、噪声交易与保险定价 [J]. 保险研究, 2017 (9): 43 - 52.

[11] 李学峰, 李佳明. 投资者个体的羊群行为: 分布及其程度——基于分割聚类的矩阵化方法 [J]. 国际金融研究, 2011 (4): 77 - 86.

[12] 李学峰, 王兆宇, 李佳明. 噪声交易与市场渐进有效性 [J]. 经济学 (季刊), 2013, 12 (3): 913 - 934.

[13] 刘维奇, 刘新新. 个人和机构投资者情绪与股票收益——基于上证 A 股市场的研究 [J]. 管理科学学报, 2014, 17 (3): 70 - 87.

[14] 陆瑶, 施新政, 杨博涵, 等. 沪港通实施、资本流动与 A - H 股溢价 [J]. 经济学报, 2018, 5 (1): 38 - 63.

[15] 祁斌, 黄明, 陈卓思. 机构投资者与股市波动性 [J]. 金融研究, 2006 (9): 54 - 64.

[16] 饶育蕾, 许军林, 梅立兴, 等. QFII 持股对我国股市股价同步性的影响研究 [J]. 管理工程学报, 2013, 27 (2): 202 - 208.

[17] 宋飞, 李明. 中国证券市场噪声交易的影响因素研究 [J]. 贵州财经学院学报, 2011 (2): 62 - 67.

[18] 苏冬蔚. 噪声交易与市场质量 [J]. 经济研究, 2008, 43 (9): 82 - 95.

[19] 田利辉. 海外上市、制度跃迁和银行绩效——"中银香港"案例分析 [J]. 管理世界, 2006 (2): 110 - 122, 133, 172.

[20] 王倩, 马云霄. 沪港通政策的公司治理效应——基于事件研究法的实证分析 [J]. 金融论

坛, 2016, 21 (5): 33-46.

[21] 王庶, 岳希明. How China's Grain-for-Green Project Contributes to Farmers' Income Growth [J]. China Economist, 2018, 13 (3): 88-102.

[22] 王晓彦, 石涛. 机构投资者参与行为对我国股市波动性的影响 [J]. 金融理论探索, 2018 (4): 21-28.

[23] 许从宝, 刘晓星, 石广平. 沪港通会降低上证A股价格波动性吗?——基于自然实验的证据 [J]. 金融经济学研究, 2016, 31 (6): 28-39.

[24] 杨胜刚, 卢向前. 行为金融、噪声交易与中国证券市场主体行为特征研究 [J]. 湖南大学学报 (社会科学版), 2002 (1): 25-29.

[25] 杨胜刚, 卢向前. 噪声交易、H指数与中国外汇市场效率研究 [J]. 湖南大学学报 (社会科学版), 2003 (2): 27-31.

[26] 姚远, 钟琪, 姚贝贝. 投资者情绪与股票市场波动关系研究——基于噪声交易与股票市场价格非理性波动关系的分析 [J]. 价格理论与实践, 2019 (2): 92-95.

[27] 姚铮, 汤彦峰. 商业银行引进境外战略投资者是否提升了公司价值——基于新桥投资收购深发展的案例分析 [J]. 管理世界, 2009 (S1): 94-102, 133.

[28] 于洋. 中国股票市场噪声交易者风险研究 [D]. 哈尔滨: 哈尔滨工业大学, 2014.

[29] 袁媛, 田高良, 廖明情. 投资者保护环境、会计信息可比性与股价信息含量 [J]. 管理评论, 2019, 31 (1): 206-220.

[30] 张涛. 资本外流对我国金融体系冲击的实证研究 [J]. 云南民族大学学报 (哲学社会科学版), 2018, 35 (1): 102-107.

[31] 张宗益, 宋增基. 境外战略投资者持股中国上市银行的效果研究 [J]. 南开管理评论, 2010, 13 (6): 106-114.

[32] 钟覃琳, 陆正飞. 资本市场开放能提高股价信息含量吗?——基于"沪港通"效应的实证检验 [J]. 管理世界, 2018, 34 (1): 169-179.

[33] Beck T, Levine R, Levkov A. Big Bad Banks? The Winners and Losers from Bank Deregulation in the United States [J]. The Journal of Finance, 2010, 65 (5): 1637-1667.

[34] Bushman R M, Chen Q, Engel E, et al. The Sensitivity of Corporate Governance Systems to the Timeliness of Accounting Earnings [J]. Social ence Electronic Publishing, 2000.

[35] Choe, H, B Kho, R. Stultz. "Do Domestic Investors Have an Edge? The Trading Experience of Foreign Investors in Korea". Review of Finance. 2005: 703-738.

[36] De Long, J. Bradford, Andrei Shleifer, Lawrence H. Summers, Robert J. Waldmann. Noise Trader Risk in Financial Markets. Journal of Politics. 1990: 703-738.

[37] Dvorak, T. Does Foreign Trading Destabilize Local Stock Markets? Working Paper. 2001.

[38] Ferdin and A. Gul. Auditors' Response to Political Connections and Cronyism in Malaysia [J]. Journal of Accounting Research. 2006 (5): 931-963.

[39] Hu S Y. A Simple Estimate of Noise and Its Determinant in a Call Auction Market [J]. Ssrn Electronic Journal, 2004.

[40] Jianxin Wang. Foreign equity trading and emerging market volatility: Evidence from Indonesia and Thailand [J]. Journal of Development Economics. 2006 (2): 798-811.

[41] Joseph E. Stiglitz. Reforming the Global Economic Architecture: Lessons from Recent Crises [J]. The Journal of Finance. 2002 (4): 1508-1521.

[42] Kalok Chan, Allaudeen Hameed. Stock price synchronicity and analyst coverage in emerging markets [J]. Journal of Financial Economics. 2005 (1): 49-73.

[43] Kee-Hong Bae, Arzu Ozoguz, Hongping Tan, Tony S. Wirjanto. Do foreigners facilitate information transmission in emerging markets? [J]. Journal of Financial Economics. 2012 (1): 209-227.

[44] Knyazeva A, Knyazeva D, Kostovetsky L. Investor heterogeneity and trading [J]. European Financial Management, 2018, 24 (4): 680-718.

[45] Maria Guadalupe, Olga Kuzmina, Catherine Thomas. Innovation and Foreign Ownership [J]. The American Economic Review. 2012 (7): 3594-3627.

[46] Mehmet Umutlu, Levent Akdeniz, Aslihan Altay-Salih. The degree of financial liberalization and aggregated stock-return volatility in emerging markets [J]. Journal of Banking and Finance. 2009 (3): 509-521.

[47] N. Gupta, K. Yuan. "On the Growth Effect of Stock Market Liberalizations". The Review of Financial Studies. 2009: 4715-4752.

[48] Tokic D. Noise trading and market efficiency: the role of passive investors [J]. Journal of Trading, 2007, 2 (3): 37-44.

[49] Umutlu M, Akdeniz L, Altay-Salih A.. The Degree of Financial Liberalization and Aggregated Stock-Return Volatility in Emerging Markets [J]. Journal of Banking & Finance, 2010, 34 (3): 509-521.

[50] Wang, F. A. "Trading on Noise as If It Were Information: Price, Liquidity, Volume and Profit". Rice University Working Paper. 2005.

[51] Ye Bai, Darien Yan Pang Chow. Shanghai-Hong Kong Stock Connect: An analysis of Chinese partial stock market liberalization impact on the local and foreign markets [J]. Journal of International Financial Markets, Institutions & Money. 2017 (50): 182-203.

Can Stock Market Liberalization Reduce Noise Trading? Evidence from the "Shenzhen-Hong Kong Stock Connect" Effect

Xuefeng Li Yatao Zhang

(School of Finance College, Nankai University, Tianjin 300350, China)

Abstract: As an interconnection mechanism of stock trading for investors from Mainland and Hong Kong, Shanghai-Hong Kong Stock (SH-HK) Connect is a major innovation for the liberalization of China's capital market. From perspective of noise trading, this paper studies the impact of SH-HK Stock Connect on noise trading in Chinese stock markets in different periods and different degrees of market opening by using the DID fixed effect model. The study finds that the implementation of SH-HK Stock Connect has a positive impact on capital market by expanding the stock investor base, optimizing the market investor structure and reducing information asymmetry. With the increase of market openness, SH-HK Stock Connect will have a positive impact on the capital, reducing noise trading, which is conducive to alleviating the speculations in A-share market. The conclusion of this paper not only extends the research on noise trading, but also provides important implications for the regulatory authorities to further promote the openness of the capital market.

Keywords: Shanghai-Hong Kong Stock Connect; Noise Trading; Capital Market Liberalization

宗教文化与银企借贷
——基于中国上市公司的经验证据

◎叶德珠 张智豪[①]

内容摘要：本文以2003—2016年我国沪深A股非金融类上市公司作为研究样本，实证检验宗教文化对企业银行借款的影响。实证结果表明：受宗教文化影响越强的企业，其银行借款越多。使用替代变量进行稳健性检验以及使用工具变量处理可能存在的内生性问题后，结论依然成立。进一步的机制检验表明，宗教文化通过提高诚信和抑制隧道效应两条重要渠道，缓解银企借贷场景中的信息不对称，降低银企借贷中的违约风险，改善银行对企业如期履约的预期，由此提高企业的银行借款水平。此外，进一步分析发现，宗教文化对非国有性质企业的银行借款水平的影响更为深刻；在对外开放程度高的地区宗教文化的作用会被削弱；而随着市场化进程的不断提高，宗教文化发挥出了更大作用。本文从银企借贷视角探讨宗教文化在企业治理方面的影响，强化了宗教影响企业治理的经验证据。

关键词：宗教文化；银行借款；诚信；隧道效应；非正式制度

一、引言

21世纪之初宗教经济理论和研究范式的转变，使得宗教文化受到学术界的广为关注，也让宗教这一非正式制度的重要构成逐渐变成一种"显学"（贺建刚，2015）。近年来，利用宗教文化解释经济和管理现象的研究越来越多，研究的方法从规范讨论延伸到实证检验，研究的范围也从跨国层面（Iannaccone，1998；Stulz和Williamson，2003；Gundolf和Fliser，2013）聚焦到一国国内企业这一市场微观主体的治理问题。从已有研究文献来看，宗教文化会显著影响企业的治理水平（陈冬华，2013），会提高企业的捐赠概率（杜颖洁和冯文滔，2014），会改变企业的投资偏好（雷光勇等，2016），会降低企业的风险承担水

[①] 作者简介：叶德珠，暨南大学经济学院，教授，研究方向：新结构金融学、文化金融与公司金融。
张智豪，暨南大学经济学院，硕士研究生，研究方向：文化金融与公司金融。
基金项目：国家社科基金重点项目（19AJY016）。

平（叶德珠和胡梦珂，2017），会促进企业创新（黄灿等，2019）等。

通过前人的研究可以发现，宗教文化确实对企业的各方面会产生不同程度的显著影响。银企借贷作为公司治理方面研究的重要议题，对改善企业经营状况，提高企业运作效率，促进企业可持续发展起着重要作用，而宗教文化是否也会显著影响银企借贷成为一个现实的话题和关注的焦点。因此，本文选取2003—2016年我国沪深A股非金融类上市公司作为研究样本，力图从银企借贷的视角来继续研究宗教文化在企业治理方面所发挥的作用。选择我国企业为样本进行研究的原因在于：首先，中国幅员辽阔，由于受到复杂的地形等自然因素的影响，各地区之间被山川与河流分割成不同的相对封闭的区域，导致宗教文化在各地区的传播和发展程度有所区别，对微观主体的影响也会有显著差异；其次，中国经济又是一个典型的转轨经济，在此阶段不同地区之间企业的发展模式、经营状况等方面也会有较大的地区差异。二者均存在的显著差异为本文提供了一个绝佳的研究场景。

通过实证研究，本文发现：受宗教文化影响越强的企业，其银行借款越多。使用替代变量进行稳健性检验以及使用工具变量处理可能存在的内生性问题后，结论依然成立。进一步的机制检验表明，宗教文化通过提高诚信和抑制隧道效应两条重要渠道，缓解银企借贷场景中的信息不对称，降低银企借贷中的违约风险，改善银行对企业如期履约的预期，由此提高企业的银行借款水平。此外，进一步分析发现，宗教文化对非国有性质企业的银行借款水平的影响更为深刻；在对外开放程度高的地区宗教文化的作用会被削弱；而随着市场化进程的不断提高，宗教文化发挥了更大作用。本文从银企借贷视角探讨宗教文化在企业治理方面的影响，强化了宗教影响企业治理的经验证据。

本文可能的贡献可以归纳为：（1）现有研究宗教文化对企业投融资决策的文献凤毛麟角，本文以银企借贷为切入点展开研究，是对已有"宗教与企业治理"研究的重要补充。不仅丰富了宗教文化在企业治理领域的理论认知，也进一步强化了非正式制度影响企业治理的经验证据；（2）机制分析发现宗教文化是通过提高诚信水平和抑制隧道效应进而影响企业银行借款水平的。这启示企业尤其是中小微企业在日常经营中要保持一个良好的企业信誉和健全的内部控制机制以减少违规行为的发生，从而缓解企业的银行融资难题，这对企业经营管理有较强的现实借鉴意义。

本文余下部分安排如下：第二部分为文献综述、理论分析与研究假设；第三部分为实证设计；第四部分为实证结果；最后是结论与启示。

二、文献综述、理论分析与研究假设

（一）文献综述

作为非正式制度的重要构成，宗教文化与企业发展成为当前公司治理研究中的新兴领域（贺建刚，2015）和学术前沿（潘黎和钟春平，2015）。Gundolf 和 Filser（2013）通过对1965—2010年215篇关于宗教与企业行为相关文献的梳理和检索，得出了宗教对企业商业伦理以及公司实务等方面有重要影响的结论。

早期宗教经济学主要关注于宗教文化对宏观主体的影响。例如，Iannaccone（1998）

通过研究，发现宗教文化对国家宏观经济发展会起到促进作用；Stulz和Williamson（2003）通过跨国比较，认为国家债权人的权利因受到不同主流宗教传统文化的影响而具有显著差异，并且发现宗教因素在保护债权人权利方面的解释力度也优于对外开放度、人均收入以及语言或法律源起等制度性因素。

随着研究的不断深入，学者们进一步以微观经济主体为对象展开研究。首先，结合宗教文化所表现出的伦理特征，现有研究将其与商业伦理相结合，从社会责任的视角展开了相关研究。Wu等（2016）基于美国公司数据样本研究发现企业履行社会责任的好坏程度与其公司总部地所处的县的宗教影响密切相关，并且是显著正向相关。Harjoto和Rossi（2019）在之后的研究也证实了这一研究结论。Du（2016）以中国上市公司为样本同样发现宗教文化会显著促进上市公司履行其社会责任。杜颖洁和冯文滔（2014）基于公司捐赠行为这一企业履行社会责任的视角，利用我国上市公司数据分析，发现公司捐赠的概率及捐赠的强度和宗教文化显著正相关，但这种关系因受到政治联系因素的影响而有所削弱。周怡和胡安宁（2014）同样以慈善捐赠为切入点，考察宗教与政治在企业履行社会责任中所发挥的作用。他们发现政治和宗教均能促进企业捐赠行为，但在捐赠方向、形式以及结果方面存在显著差异。党员身份企业主倾向选择半官方慈善组织进行捐赠，乐于将捐赠公开化并因此经常受到政府奖励；而具有宗教信仰的企业主大多选择宗教组织进行捐赠，并对捐赠是否公开、能否受到政府奖励并不关注。其次，由于企业治理问题归根结底就是对人的治理问题，并考虑到宗教在治理个体行为方面发挥着支配作用（杜兴强等，2020），众多学者探讨了宗教文化与企业治理之间的问题。陈冬华等（2013）将企业治理用公司违规、盈余管理以及审计意见类型进行衡量，并通过选取我国上市公司数据实证检验发现，受宗教文化影响越强的上市公司，其违规行为发生得越少，非标准审计意见出具得也越少，并且宗教能够显著抑制企业的盈余管理；Du（2013）基于中国情境探讨了宗教文化对企业代理成本的影响。通过研究，其发现股东和管理层之间的代理成本在受到宗教文化的影响后能够显著降低。Callen和Fang（2015）的经验证据表明，上市公司未来股价崩盘风险与上市公司总部所在地宗教性呈现出一种显著的负向相关性，并且这种关系在治理机制弱和经营风险大的公司中更加明显。曾爱民和魏志华（2017）的研究证实也再一次证实了Callen和Fang（2015）的研究结论，即宗教氛围和上市公司股价崩盘风险之间存在负向相关关系。最后，学者们以偏好特征为切入点对宗教文化与企业财务决策方面进行了有关研究。El Ghoul等（2012）通过对美国地区宗教强度的研究，发现受地区宗教强度影响越大的上市公司，其权益融资成本越低，并且当上市公司外部监督机制越弱时，其影响更为明显。Hu等（2018）以中国上市公司为样本研究发现公司的权益资本成本会受到宗教的影响而显著降低。Cai和Shi（2019）指出债券发行的利率与公司宗教氛围呈显著负相关。通过对中国上市公司的实证研究，宗教文化会显著降低企业的风险承担水平这一研究结论得到验证（何鑫萍等，2017；叶德珠和胡梦珂，2017），并且市场化进程（何鑫萍等，2017）以及法治化进程（叶德珠和胡梦珂，2017）均会显著抑制宗教文化对企业风险承担水平的影响。雷光勇等（2016）通过运用企业家宗教信仰的直接调查数据进行研究，发现有宗教信仰的企业家更加倾向选择风险相对较小的关系型投资而非研发型投资。Chen等

（2016）利用对29个国家的数据进行跨国研究分析发现，在跨国背景下更强烈的宗教信仰与更低的贷款利差有关，并且这种负关联在债权较弱的国家更为明显。进一步研究发现，更强烈的宗教信仰也与贷款合同中的其他有利条件有关，如更大的贷款额度、使用基于会计的绩效定价和更低的前期费用。为证实其跨国研究结果，Chen等（2016）还基于美国国内企业的样本数据研究发现，宗教文化氛围影响较为浓厚地区的企业能够享受较低的贷款利差。Qian等（2018）利用对25个发展中国家企业的调查数据研究发现，宗教文化氛围越浓厚的国家，其企业获得的银行借款越多。Baxamusa和Jalal（2014）发现，在美国，天主教占多数的县其公司有更多的银行借款。此外，这些公司发行更多的债务和更少的股本。He和Hu（2016）基于美国公司的样本数据，研究宗教是否影响银行贷款的条件。学者假设贷款人重视宗教信徒的特质，如风险厌恶、道德行为和诚实，从而为宗教借款人提供有利的贷款条件。通过实证研究，He和Hu（2016）发现，位于宗教信仰程度较高的县的企业借款人收取的利率较低，贷款金额较大，贷款契约较少，与其假设一致，从而得出银行借款企业所受到的宗教文化影响会对银行贷款的可用性和成本产生影响。Cai和Shi（2019）通过使用杠杆比率、信用评级、债券收益率和债务契约的美国企业的大样本数据后，发现位于宗教文化氛围更加浓厚地区的公司在其资本结构中倾向于使用较少的债务，并且其信用评级更高，债券收益率更低，面临的限制性契约更少。

目前学术界对于宗教文化与企业行为的研究文献有基于国别差异的跨国分析，但主要还是基于一国内部的差异分析。而基于一国内部差异进行分析研究的文献主要是以美国的相关企业作为数据样本展开分析和研究，以中国企业为研究样本的分析较少。具体到宗教文化与银企借贷而言，已有一些学者以美国企业为样本证实了二者之间的相关关系，而基于中国企业的研究是与已有结论保持一致还是有所区别，有待进一步研究验证。总而言之，现有大量文献为本文研究提供了充足的理论和经验支持，对中国情境研究的相对缺乏则凸显出了本文的研究价值与意义。

（二）理论分析与研究假设

研究中国转型经济情境下的企业治理问题，仅局限于西方分析范式和各种正式制度，而忽略留存已久且影响深远的宗教传统等非正式制度是不够的（陈冬华等，2013）。He和Hu（2016）指出，宗教社会要求个体要有信守承诺、讲究信任的诚信观。更进一步，绝大部分宗教都推崇一种利他主义的价值观（李若木和周娜，2012），认为个体之间应该相互帮助，且不应该以损害他人利益为代价来满足一己私利（Annis，1976）。综上所述，本文认为宗教文化会通过宗教信仰效应和宗教组织效应（阮荣平和王兵，2011）形成隐性的非正式约束和规范机制来改变企业行为，进而影响银企借贷。

1. 宗教信仰效应。对于处在宗教文化氛围浓厚地区的市场微观主体（企业和个人），不仅规章制度以及法律条款等正式制度能够强制约束其行为，宗教传统也会产生一种隐性的约束规范其举措。商业伦理在契约观、诚信观等方面对企业行为有规范和约束作用，为企业提供可遵循的规范框架和行为准则（李存超和王兴元，2013），而尊崇诚实守信、忠诚以及向善等价值理念的宗教文化则强化了商业伦理，体现在高管层面的为信守承诺、不隐瞒欺骗的诚信观，体现在企业层面的则为依照合同办事、不违背合同的契约精神。在具有金融抑制特征（孙建军和孙楠，2020）的银企借贷场景中，市场约束会影响银行风险承担水平（顾海峰和马聪，2020），并且由于存在严重的信息不对称问题，导致逆向选择和道德风险问题时有发生，这让银行的贷款行为变得尤为谨慎。而对于借贷关系的建立和维持，本质上是依赖于借贷双方对未来履约的预期（戴亦一等，2019）。宗教文化通过强化商业伦理，形成一种隐性规范，约束企业欺骗、造假等不当行为的发生，保证企业如期履约，缓解银企之间的信息不对称，在一定程度上降低了借贷违约风险的发生，从而改善了银行对企业如期还款的预期，并由此提高了银行放贷的水平和可能性。

2. 宗教组织效应。宗教组织通过举办社会集会或者教会仪式等集体性活动，促进个体之间形成共同的精神追求和价值理念，使个体之间的相互联结更加紧密，推动团体合作意识的形成，并以此约束损人利己等有违社会道德秩序事件的发生。在规模较大、股权较为集中的上市公司中，广泛存在着委托代理问题。公司作为法人的社会存在与公司的利益相关者之间存在天然的冲突（陈冬华等，2013）。宗教组织通过开展宗教活动将宗教文化中互助、友爱、利他等以牺牲"小我"成就"大我"的美好品德传递到个体，形成一种良好的企业氛围，从而抑制个体"利己"的心态。具体而言，受到宗教文化的影响，控股股东掏空企业利益这样一种"隧道效应"行为的发生将会被抑制，并且其会更加重视企业集体利益的实现。而控股股东对上市公司利益侵占得越少，留给公司扩大再生产的资源就越多，这有助于改善企业的经营水平，提高企业的盈利能力，从而保障企业按时偿付银行借款。由此形成的良好的企业信誉和稳健的偿债能力也有助于企业获得更多的银行信贷资源。

无论是宗教信仰效应还是宗教组织效应，宗教文化都有助于减少银企借贷违约风险的发生，改善银行对企业未来履约的预期，由此本文提出如下假设：

受到宗教文化影响越强的企业，其银行借款越多。

三、研究设计

（一）样本选择与数据来源

本文选取2003—2016年我国沪深A股上市公司作为研究样本，并在原始数据的基础上进行如下筛选：（1）剔除ST以及ST*的上市公司；（2）剔除金融类上市公司；（3）剔除本文研究的主要变量数据严重缺失的上市公司；（4）上市公司周边方圆200～300千米寺庙数据缺失的上市公司；（5）由于我国是一个多民族共同组成的国家，不同民族在各个方面之间均存在着不同程度的差异，为更好地研究宗教文化对银企借贷的影响，参考陈冬华等（2013）学者的做法，本文将西藏、新疆、广西、内蒙古以及宁夏五个自治区的上市公司数据剔除，保留其他地区上市公司数据。最终，本文得到11727个上市公司样本数据。上市公司财务数据来源于Wind数据库，上市公司周边宗教场所数据来源于CSMAR数据库，地区层面的数据来源于国家统计局。

（二）变量定义及说明

1. 被解释变量。本文以上市公司财务数据中的"长期借款"与"短期借款"之和度量上市公司银行借款情况，并将其加一取自然对数进行标准化处理。在稳健性检验中，结合戴亦一等（2019）的研究，本文以"长期借款"与"短期借款"以及"一年内到期的非流动负债"之和与上市公司期末总资产的比值作为替代变量。

2. 解释变量。参考陈冬华等（2013）、徐细雄和李万利（2019）采用公司注册地一定距离范围内的宗教或文化场所数量衡量宗教文化或其他文化强度的做法，本文以上市公司注册地 200 千米半径范围内宗教场所数量（寺庙和道观）作为宗教文化影响强度的代理变量，并加一取自然对数进行标准化处理。一般来说，上市公司注册地一定范围内宗教场所分布得越多，上市公司受到宗教文化的影响越强。在稳健性检验中，本文以上市公司注册地 300 千米半径范围内宗教场所数量作为宗教文化影响强度的替代变量。

3. 控制变量。本文结合戴亦一等（2019）、徐细雄和李万利（2019）的做法，将有可能影响银企借贷的企业资产负债率（ALR）、企业规模（LNASSET）、企业年限（FIRMAGE）、企业成长性（GROWTH）、企业可抵押资产（LNFIXED）、企业盈利能力（ROA）、企业控股股东占比（TOPONERATE）以及地区层面的人均 GDP 和银行信贷规模（LNCREDIT）作为控制变量。除此之外，本文还控制了行业（INDUSTRY）和年份固定（YEAR）效应。主要变量定义及说明见表 1。

表 1　　　　　　　　　　　　主要变量及说明

变量	变量名称	变量描述
被解释变量	BANKLOANLEV	（短期借款 + 长期借款）+1 取自然对数
	BANKLOANLEV2	（短期借款 + 长期借款）/期末总资产
解释变量	LNREL200	上市公司 200 千米半径内宗教场所数 +1 取自然对数
	LNREL300	上市公司 300 千米半径内宗教场所数 +1 取自然对数
控制变量	ALR	企业资产负债率
	LNASSET	企业规模：企业期末总资产的自然对数
	FIRMAGE	企业年限：上市公司成立的年数
	GROWTH	企业成长性：营业收入增长率
	LNFIXED	企业可抵押资产：固定资产的自然对数
	ROA	企业盈利能力：总资产净利率
	TOPONERATE	企业控股股东占比：用于衡量股权集中度
	RGDP	各省份人均 GDP：用于衡量地区经济发展水平
	LNCREDIT	各省份银行本外币贷款余额的自然对数：用于衡量各地区金融发展程度
	INDUSTRY	行业固定效应
	YEAR	年份固定效应

（三）研究模型

本文构建如下模型检验宗教文化对企业银行借款的影响：

$$BANKLOANLEV = \beta_0 + \beta_1 LNREL200_{i,t} + \beta_2 Controls_{i,t} + INDUSTRY + YEAR + \varepsilon_{i,t} \quad (1)$$

其中，BANKLOANLEV 是上市公司银行借款代理变量。LNREL200 是宗教文化影响强度的代理变量。若本文假设成立,受宗教文化影响越大的企业,其银行借款越多,则解释变量 LNREL200 系数显著为正。为排除其他因素对结果的干扰以及更好地考察宗教文化对银企借贷的作用,本文在回归模型中加入了公司和地区层面的控制变量,并控制了行业和年份固定效应。此外,为剔除极端值的影响,本文对连续变量在 1% 和 99% 上进行缩尾处理,同时采用聚类稳健标准误以解决可能存在的异方差问题所带来的影响。

四、实证结果

(一) 描述性统计结果

表 2 展示了本文主要变量的描述性统计结果。根据表中结果可知,企业的银行借款水平 (BANKLOANLEV) 的平均值为 6.453,最大值为 12.93,而最小值为 0,说明企业间的银行借款情况存在较大差异。宗教文化的代理变量 LNREL200 的最大值为 6.87,最小值仅为 2.773。这意味着不同企业受到宗教文化影响的程度也存在着较大差异。二者之间的较大差异也为本文后续研究提供了一个良好的考察环境。

表 2　　　　　　　　　　　主要变量的描述性统计

变量	样本数	平均值	标准差	最小值	最大值
BANKLOANLEV	11727	6.453	1.786	0	12.930
BANKLOANLEV2	11727	0.239	0.166	0	6.627
LNREL200	11727	6.870	1.044	2.773	8.690
LNREL300	11727	7.644	0.956	3.555	9.177
ALR	11727	45.500	20.810	5.214	99.010
LNASSET	11727	7.498	1.447	4.422	11.700
FIRMAGE	11727	21.600	5.706	5.000	65.000
GROWTH	11727	19.360	36.090	-57.220	208.000
LNFIXED	11727	5.679	1.825	0.926	10.520
ROA	11727	7.095	7.998	-17.450	36.300
TOPONERATE	11727	32.990	14.580	0.780	88.240
RGDP	11727	0.046	0.026	0.007	0.117
LNCREDIT	11727	10.130	0.858	7.564	11.620

(二) 相关性检验

表 3 列出了本文主要变量的 Pearson 相关系数矩阵。根据表 3 所显示的内容来看,宗教文化代理变量 (LNREL200) 与企业的银行借款水平变量 (BANKLOANLEV) 的相关系数为正,初步验证了本文的理论假设。另外,各主要变量之间的相关系数不大,说明不存在严重的多重共线性。

表3　　　　　　　　　　　　主要变量的相关系数矩阵

变量	BANKLOANLEV	ALR	LNASSET	FIRMAGE	GROWTH	LNFIXED	JROA	TOPONERATE	RGDP	LNCREDIT	LNREI200
BANKLOANLEV	1.000										
ALR	0.499	1.000									
LNASSET	0.083	0.261	1.000								
FIRMAGE	0.087	0.157	0.151	1.000							
GROWTH	0.001	−0.021	−0.021	−0.078	1.000						
LNFIXED	0.537	0.216	0.595	0.117	−0.113	1.000					
JROA	−0.289	−0.340	−0.341	−0.250	0.089	−0.178	1.000				
TOPONERATE	0.201	0.086	0.229	−0.037	−0.055	0.211	0.005	1.000			
RGDP	0.104	−0.161	0.137	−0.017	0.012	−0.076	0.083	0.021	1.000		
LNCREDIT	0.027	−0.175	0.064	−0.021	0.019	−0.109	0.118	−0.018	0.759	1.000	
LNREI200	0.063	0.005	−0.072	−0.050	−0.012	−0.048	0.023	−0.007	0.032	0.035	1.000

（三）基本回归结果

根据前文变量的选取以及模型的设定，本文利用STATA15.1计量软件按照实证模型进行多元回归分析。表4展示了基础回归的结果。在控制行业固定效应和年份固定效应的基础上，本文首先将有可能影响企业银行借款的公司层面和地区层面的因素加入方程进行回归，从第1列的结果可知，企业规模、盈利能力、创立年限、可抵押资产占比、资产负债比、控股股东占比以及地区层面的银行信贷规模均会显著影响企业的银行借款情况。在第1列基础之上，本文将核心解释变量（LNREI200）加入回归方程。结果显示，宗教文化变量的系数在1%显著性水平下显著为正，这说明宗教文化确实对银企借贷有显著影响，并且受宗教文化影响越大的企业，其银行借款越多。本文假设得到验证。

表4　　　　　　　　　　　　基础回归结果

变量	(1) BANKLOANLEV	(2) BANKLOANLEV
ALR	0.030 *** (44.48)	0.029 *** (44.58)
LNASSET	0.907 *** (100.21)	0.908 *** (100.28)
FIRMAGE	−0.003 * (−1.76)	−0.003 (−1.63)
GROWTH	0.000 (0.95)	0.000 (1.03)
LNFIXED	0.082 *** (12.05)	0.082 *** (12.11)
JROA	−0.013 *** (−8.65)	−0.013 *** (−8.64)

续表

变量	(1)	(2)
	BANKLOANLEV	BANKLOANLEV
TOPONERATE	-0.005***	-0.005***
	(-8.56)	(-8.53)
RGDP	-0.493	-0.522
	(-0.92)	(-0.97)
LNCREDIT	0.043***	0.041***
	(3.05)	(2.92)
LNREL200		0.020***
		(2.77)
_CONS	-2.557***	-2.685***
	(-17.67)	(-17.65)
INDUSTRY	YES	YES
YEAR	YES	YES
N	11727	11727
adj_R^2	0.801	0.801

注："***"、"**"、"*"分别代表在1%、5%、10%水平上显著，括号内为t统计量，下同。

（四）内生性检验

为解决可能存在的内生性问题，本文借鉴叶德珠等（2018、2019、2020）的研究经验，使用各地区地形数据（封志明，2007）作为本文研究的工具变量，进行两阶段最小二乘回归分析。选择地形数据作为工具变量的原因在于：宗教的传播和发展与地形有密切联系。一般来说，地势越复杂，高大的山川与宽广的河流越多的地区，该地区会越封闭，宗教徒对外进行宗教文化与理念的传播会越困难，当地的宗教氛围也会越浓厚。而我国各地区之间基本都是以山脉以及河流为地理分界，这也恰巧使得各地区受到宗教文化影响的程度会因地形影响产生显著差异。再者，地形数据作为一种自然数据，是一个外生变量，且其与银企借贷并无直接联系。因此，地形数据较好地满足了工具变量"相关性"与"无关性"的要求，是一个合适的工具变量。为检验结果的稳健性，本文将上市公司周边300千米半径范围内宗教场所数量（LNREL300）作为宗教文化的替代变量同时进行考察。表5展示了利用工具变量进行最小二乘回归的结果。根据表5第一阶段回归结果，地形变量与宗教文化代理变量均在1%显著性水平上显著正相关，符合预期，并且弱工具检验结果当中的F值分别为21.89和23.33，大于弱工具变量检验当中的经验值10，说明不存在弱工具变量的问题，工具变量是有效的。根据表5第二阶段回归结果显示，宗教文化代理变量（LNREL200）系数在5%显著性水平下显著为正，宗教文化替代变量（LNREL300）系数在5%显著性水平下显著为正，结果均与基础回归一致，即受宗教文化影响越大的企业，其银行借款越多。在利用工具变量进行最小二乘回归以解决可能存在的内生性问题后，本文的假设进一步得到验证。

表5　　　　　　　　　　　　内生性检验回归结果

变量	第一阶段	第二阶段	第一阶段	第二阶段
	LNREL200	BANKLOANLEV	LNREL300	BANKLOANLEV
DIXING	0.054*** (19.77)		0.045*** (17.58)	
LNREL200		0.086** (2.09)		
LNREL300				0.104** (2.09)
CONTROLS	YES	YES	YES	YES
INDUSTRY	YES	YES	YES	YES
YEAR	YES	YES	YES	YES
N	11727	11727	11727	11727
adj_R^2	0.059	0.800	0.065	0.799
F统计值	21.890		23.330	

（五）机制分析

1. 宗教文化、诚信与银企借贷。通过前文理论分析的假设以及实证研究的检验，证明了受到宗教文化影响越强的企业，其银行借款越多。Guiso等（2003）指出，宗教因素能够显著提升微观主体的社会诚信水平，李涛等（2008）的研究也支持了这一结论。依据本文的理论分析，宗教文化之所以能够显著影响银企借贷，诚信是一个重要因素。受宗教影响大的地区的企业因其所在地企业普遍具有高诚信水平，而高诚信水平有助于改善银行对企业如期还款的预期，并由此提高银行发放贷款的数量和概率。首先，本文采用最高人民法院公布的"老赖企业"数据，以地区失信被执行企业数与被执行企业数的比重所得的失信水平取倒数衡量地区诚信水平，比值越大，说明地区诚信水平越高。其次，本文将诚信水平变量（HONESTY）与宗教文化代理变量（LNREL200）进行交乘形成交互项，并将其加入到基础回归方程当中。表6展示了本部分的回归结果。结果显示：交互项的系数（LNREL200·HONESTY）显著为正，表明诚信水平能够显著帮助企业获取更多的银行借款，符合预期。这也说明受宗教文化影响的诚信水平是提升企业银行借款水平的一条重要渠道。

表6　　　　　　　　　　　　宗教文化、诚信与银企借贷

变量	(1)
	BANKLOANLEV
ALR	0.028*** (43.55)
LNASSET	0.908*** (113.32)

续表

变量	(1)
	BANKLOANLEV
FIRMAGE	-0.000
	(-0.23)
GROWTH	0.000
	(0.84)
LNFIXED	0.101***
	(17.60)
JROA	-0.014***
	(-8.73)
TOPONERATE	-0.004***
	(-6.16)
RGDP	-1.900
	(-1.34)
LNCREDIT	-0.021
	(-0.25)
LNREL200	0.015
	(0.83)
HONESTY	-0.003
	(-1.51)
LNREL200·HONESTY	0.001*
	(1.85)
_CONS	-2.636***
	(-3.23)
INDUSTRY	YES
YEAR	YES
N	11727
adj_R^2	0.795

2. 宗教文化、隧道效应与银企借贷。通过前文理论分析，还发现宗教文化可能通过抑制企业隧道效应的发生来影响其银行借款水平。通过前人研究，发现资金占用、关联担保是控股股东实施隧道效应的主要形式（李增泉等，2004；郑建明等，2007；陆正华等，2011）。本部分运用中介效应模型进行机制检验。本文以上市公司其他应收款净额（LNQITA）作为上市公司隧道效应的代理变量并加1取对数以进行标准化处理后，使用宗教文化对企业隧道效应进行回归。表7列（1）的结果显示，宗教文化代理变量（LNREL200）的系数显著为负，说明受宗教文化影响越强的企业，其发生隧道效应的可能性越低；进一步将宗教文化代理变量（LNREL200）与隧道效应代理变量（LNQITA）同时加入回归方程，

表7列（2）的结果显示，隧道效应代理变量（LNQITA）的系数显著为负，说明企业隧道效应发生得越多，越不利于提升企业的银行借款水平。表7列（1）和列（2）的结果共同说明，抑制隧道效应的发生是提升企业银行借款水平的另一条重要渠道。

表7　　　　　　　　　宗教文化、隧道效应与银企借贷

变量	(1)	(2)
	LNQITA	BANKLOANLEV
LNREL200	−0.092***	0.018**
	(−3.99)	(2.57)
LNQITA		−0.042***
		(−6.57)
CONTROLS	YES	YES
INDUSTRY	YES	YES
YEAR	YES	YES
CONTROLS	YES	YES
N	11722	11722
adj_R^2	0.052	0.802

（六）进一步研究

1. 宗教文化、银企借贷与产权性质。我国特殊的制度环境使得国有企业与非国有企业在多方面存在较大差异。本文认为宗教文化对不同产权性质企业的银行借款的影响会有所不同。所以本文按照企业产权性质分组，分别考察宗教文化对银企借贷的影响。从表8当中的回归结果来看，国有企业组别当中的宗教文化代理变量系数并不显著，而非国有企业组别当中的宗教文化代理变量系数显著为正。这说明宗教文化对于不同产权性质企业的银行借款的影响有显著差异，具体即为，对非国有企业银行借款水平的影响更为显著。

表8　　　　　　　　　宗教文化、银企借贷与产权性质

变量	(1)	(2)
	国有企业	非国有企业
ALR	0.026***	0.032***
	(31.00)	(31.47)
LNASSET	0.934***	0.906***
	(75.32)	(64.68)
FIRMAGE	−0.003	−0.001
	(−1.12)	(−0.22)
GROWTH	0.000	0.000
	(1.10)	(0.62)
LNFIXED	0.085***	0.071***
	(9.02)	(7.39)

续表

变量	(1) 国有企业	(2) 非国有企业
JROA	-0.023***	-0.010***
	(-10.00)	(-4.48)
TOPONERATE	-0.006***	-0.003***
	(-8.53)	(-3.57)
RGDP	0.202	-2.315**
	(0.30)	(-2.49)
LNCREDIT	0.025	0.045**
	(1.29)	(2.07)
LNREL200	-0.004	0.039***
	(-0.37)	(3.76)
_CONS	-2.390***	-2.984***
	(-11.04)	(-13.36)
INDUSTRY	YES	YES
YEAR	YES	YES
N	6203	5524
adj_R^2	0.810	0.750

2. 宗教文化、外来文化冲击与银企借贷。中国改革开放四十多年来，不仅在经济方面与世界联系更加紧密，呈现出一种"你中有我、我中有你"的局面，也对我国居民及企业传统的宗教信仰与价值观念产生了较大冲击。而这种对宗教信仰与价值观念的冲击会随着对外开放程度的加深而变得更加明显。结合到本文研究，也即外来文明会削弱宗教文化对银企借贷的作用。为验证猜想，并考虑到研究样本的时间区间为 2003—2016 年，本文利用国家发展与改革委员会在 2012 年公布的各地区对外开放指数中的中位数将样本分组（低于中位数的地区划分为低开放度地区，高于中位数的地区划分为高开放度地区），并分别进行回归。表 9 的结果显示，宗教文化代理变量系数在低开放度地区显著为正，而在高开放度地区并不显著。这意味着宗教文化对银企借贷的影响会受到外来文化的冲击而削弱，本文猜想得到验证。

表 9　　　　　　　　　宗教文化、外来文化冲击与银企借贷

变量	(1) 低开放度地区	(2) 高开放度地区
ALR	0.030***	0.030***
	(37.23)	(24.72)
LNASSET	0.910***	0.892***
	(78.79)	(60.23)

续表

变量	(1) 低开放度地区	(2) 高开放度地区
FIRMAGE	−0.009*** (−3.34)	0.004* (1.67)
GROWTH	0.001** (2.17)	−0.000 (−1.26)
LNFIXED	0.074*** (9.08)	0.092*** (7.91)
JROA	−0.015*** (−7.77)	−0.010*** (−3.64)
TOPONERATE	−0.006*** (−8.82)	−0.003*** (−3.20)
RGDP	−1.045 (−1.00)	−0.401 (−0.45)
LNCREDIT	0.041* (1.92)	0.053 (1.55)
LNREL200	0.019** (2.17)	0.019 (1.13)
_CONS	−2.458*** (−11.88)	−2.986*** (−7.21)
INDUSTRY	YES	YES
YEAR	YES	YES
N	7467	4260
adj_R^2	0.795	0.814

3. 宗教文化、市场化进程与银企借贷。市场化改革是中国经济改革任务当中的重要组成部分。党的十八届三中全会明确提出了让市场在资源配置中发挥决定性作用的重大理论。市场化进程不断深入的同时，对其背后所需要的制度性保护也有着更高要求。而转轨经济体的一大痛点即是制度性保障的相对缺失，这也促使非正式制度因素需要随着市场化进程的不断提高而发挥出更大的重要作用。具体到本文而言，则需探讨宗教文化在市场化进程中所发挥的作用。参考叶德珠和张智豪（2020）的经验，本文采用《中国分省份市场化指数报告（2016）》（王小鲁等，2017）有关市场化数据对上述理论分析进行检验，将研究样本按照市场化指数数值高低划分为高市场化进程地区和低市场化进程地区，分别进行回归。根据表10的回归结果显示，宗教文化代理变量（LNREL200）无论是在哪个分组，均有显著为正的系数，符合预期。经过具体比较之后，可以发现宗教文化代理变量（LNREL200）在高市场化进程地区的系数0.025高于低市场化进程地区的系数0.019，并且显著性也变得更强。这说明宗教文化因素随着市场化进程的不断提高而发挥出了更大的重要作用。

表10　　　　　　　　宗教文化、市场化进程与银企借贷

变量	(1) 高市场化进程地区	(2) 低市场化进程地区
ALR	0.032***	0.026***
	(28.68)	(27.44)
LNASSET	0.905***	0.910***
	(62.12)	(62.77)
FIRMAGE	−0.003	−0.005*
	(−0.92)	(−1.73)
GROWTH	−0.000	0.001**
	(−0.20)	(2.37)
LNFIXED	0.083***	0.079***
	(7.58)	(7.23)
JROA	−0.012***	−0.015***
	(−4.66)	(−7.11)
TOPONERATE	−0.005***	−0.004***
	(−6.13)	(−5.22)
RGDP	−0.949	−0.056
	(−0.84)	(−0.05)
LNCREDIT	0.084*	0.050**
	(1.73)	(2.14)
LNREL200	0.025**	0.019*
	(1.97)	(1.76)
_CONS	−3.333***	−2.514***
	(−6.30)	(−10.44)
INDUSTRY	YES	YES
YEAR	YES	YES
N	4746	4872
adj_R^2	0.807	0.799

(七) 稳健性检验

为检验结论的稳健性，本文用"长期借款"与"短期借款"之和与上公司总资产之比（BANKLOANLEV2）以及"长期借款"、"短期借款"和"一年内到期的非流动负债"比上公司总资产（BANKLOANLEV3）作为上市公司银行借款的替代变量，用上市公司周边300千米半径范围内宗教场所数量（LNREL300）作为宗教文化影响强度的替代变量重新进行回归。表11结果显示，宗教文化影响强度的代理变量以及替代变量均在1%显著性水平下显著为正，与基础回归结果一致。这些结果说明本文的结论是较为稳健的。

表 11　　　　　　　　　　　　　　稳健性检验

变量	(1) BANKLOANLEV2	(2) BANKLOANLEV3	(3) BANKLOANLEV2
ALR	0.005*** (34.28)	0.006*** (42.83)	0.005*** (34.27)
LNASSET	-0.022*** (-8.96)	-0.021*** (-8.48)	-0.022*** (-8.96)
FIRMAGE	0.000 (1.32)	0.000 (0.63)	0.000 (1.34)
GROWTH	0.000 (1.07)	0.000 (1.00)	0.000 (1.07)
LNFIXED	0.009*** (7.29)	0.011*** (7.73)	0.009*** (7.27)
JROA	-0.004*** (-7.80)	-0.004*** (-10.50)	-0.004*** (-7.80)
TOPONERATE	-0.000*** (-2.62)	-0.001*** (-7.27)	-0.000*** (-2.61)
RGDP	-0.145* (-1.96)	-0.342*** (-4.57)	-0.141* (-1.89)
LNCREDIT	0.004* (1.80)	0.002 (0.69)	0.004 (1.59)
LNREL200	0.004*** (3.39)	0.003*** (2.79)	
LNREL300			0.004*** (3.72)
_CONS	0.134*** (6.07)	0.154*** (6.11)	0.130*** (5.86)
INDUSTRY	YES	YES	YES
YEAR	YES	YES	YES
N	11727	8606	11727
adj_R^2	0.373	0.478	0.373

五、结论与启示

宗教作为一种客观存在的社会文化系统，对包括企业在内的各类主体都有着深刻的影响。本文以 2003—2016 年我国沪深 A 股非金融类上市公司作为研究样本，实证检验宗教文化对企业银行借款的影响。实证结果表明：受宗教文化影响越强的企业，其银行借款越多。使用替代变量进行稳健性检验以及使用工具变量处理可能存在的内生性问题后，结论依然成立。进一步的机制检验表明，宗教文化通过提高诚信和抑制隧道效应两条重要渠道，缓解银企借贷场景中的信息不对称，降低银企借贷中的违约风险，改善银行对企业如期履约的预期，由此提高企业的银行借款水平。此外，进一步分析发现，宗教文化对非国有性质企业的银行借款水平的影响更为深刻；在对外开放程度高的地区宗教文化的作用会被削弱；而随着市场化进程的不断提高，宗教文化发挥出了更大作用。本文从银企借贷视角探讨宗教文化在企业治理方面的影响，强化了宗教影响企业治理的经验证据。

基于上述研究结论，本文得到如下启示：宗教文化通过缓解银企借贷双方的信息不对称程度以及降低企业违约风险的发生来显著影响企业银行借款水平。这启示我们，企业尤其是中小企业，若要获得更多的信贷资源，需要在日常经营中信守承诺，恪守契约精神，严防欺骗、造假等有损企业信誉行为的发生；建立健全企业内部控制机制，以减少控股股东掏空企业利益等违规操作行为的发生，维护和发展好自身发展优势。建立良好的企业信誉，保持稳健的盈利能力有利于改善银行对企业的看法，并提高银行放贷的可能。对于地方政府来说，要深刻把握宗教在当今社会的作用及其作用机制，充分挖掘宗教文化中与现代市场经济商业伦理相适应的价值观念，因势利导，最大限度地发挥宗教文化在推动经济社会发展方面的积极作用，培育良好的社会风尚。

参考文献

[1] 陈冬华, 胡晓莉, 梁上坤, 等. 宗教传统与公司治理[J]. 经济研究, 2013 (9): 71-84.

[2] 戴亦一, 张鹏东, 潘越. 老赖越多, 贷款越难？——来自地区诚信水平与上市公司银行借款的证据[J]. 金融研究, 2019 (8): 77-95.

[3] 杜兴强, 常莹莹, 曾泉. 宗教影响与公司行为综述[J]. 财会月刊, 2020 (22): 12-25.

[4] 杜颖洁, 冯文滔. 宗教、政治联系与捐赠行为：基于中国上市公司的经验证据[J]. 当代财经, 2014 (6): 111-122.

[5] 封志明, 唐焰, 杨艳昭, 等. 中国地形起伏度及其与人口分布的相关性[J]. 地理学报, 2007 (10): 1073-1082.

[6] 顾海峰, 马聪. 政府监管、市场约束与银行风险承担——来自中国178家商业银行的证据[J]. 金融经济学研究, 2020 (1): 117-130.

[7] 何鑫萍, 戴亦一, 翁若宇. 宗教、风险厌恶与资本结构动态调整[J]. 山西财经大学学报, 2016 (9): 1-12.

[8] 贺建刚. 宗教传统与资本市场会计研究：文献述评[J]. 会计研究, 2015 (11): 49-54.

[9] 黄灿, 贾凡胜, 蒋青嬗. 中国宗教传统与企业创新——基于佛教传统的经验证据[J]. 管理科学, 2019 (4): 62-75.

[10] 雷光勇, 刘茉, 曹雅丽. 宗教信仰、政治身份与企业投资偏好[J]. 财经研究, 2016 (6): 110-120.

[11] 李存超, 王兴元. 宗教文化视角下东西方商业伦理观差异比较及启示[J]. 商业经济与管理, 2013 (11): 54-60.

[12] 李若木, 周娜. 宗教与公益活动：一个实证研究[J]. 世界宗教文化, 2012 (2): 39-48.

[13] 李涛, 黄纯纯, 何兴强, 等. 什么影响了居民的社会信任水平？——来自广东省的经验证

据 [J]. 经济研究, 2008 (1): 137-152.

[14] 李增泉, 孙铮, 王志伟. "掏空"与所有权安排——来自我国上市公司大股东资金占用的经验证据 [J]. 会计研究, 2004 (12): 3-13.

[15] 陆正华, 钟婉怡. 关联担保上市公司隧道效应的存在性与实施路径——上市公司关联担保偏好原因探析 [J]. 现代财经 (天津财经大学学报), 2011 (9): 19-27.

[16] 阮荣平, 王兵. 差序格局下的宗教信仰和信任 基于中国十城市的经验数据 [J]. 社会, 2011 (4): 195-217.

[17] 孙建军, 孙楠. 利率市场化与企业全要素生产率——一项基于中国人民银行取消贷款利率上限的准自然实验 [J]. 产经评论, 2020 (3): 78-93.

[18] 王小鲁, 樊纲, 余静文. 中国分省份市场化指数报告 (2016) [M]. 北京: 社会科学文献出版社, 2017.

[19] 徐细雄, 李万利. 儒家传统与企业创新: 文化的力量 [J]. 金融研究, 2019 (9): 112-130.

[20] 叶德珠, 胡梦珂. 宗教传统、法治化进程与企业风险承担 [J]. 财经问题研究, 2017 (5): 95-103.

[21] 叶德珠, 李鑫. 儒家文化与上市公司"隧道效应" [J]. 金融发展研究, 2019 (5): 3-12.

[22] 叶德珠, 潘爽, 黄成宇. 儒家文化与储蓄——基于中国省际面板数据的实证分析 [J]. 南方金融, 2018 (9): 24-32.

[23] 叶德珠, 张智豪. 儒家文化与金融结构——基于省际面板数据的实证分析 [J]. 金融教育研究, 2020 (5): 3-12.

[24] 郑建明, 范黎波, 朱媚. 关联担保、隧道效应与公司价值 [J]. 中国工业经济, 2007 (5): 64-70.

[25] 周怡, 胡安宁. 有信仰的资本——温州民营企业主慈善捐赠行为研究 [J]. 社会学研究, 2014 (1): 57-81.

[26] Annis LV. Emergency Helping and Religious Behavior [R]. Psychological Reports, 1976 (39): 151-158.

[27] Baxamusa M., A. Jalal. Does Religion Affect Capital Structure? [J]. Research in International Business and Finance, 2014 (31): 112-131.

[28] Cai J., G. Shi. Do Religious Norms Influence Corporate DebtFinancing? [J]. Journal of Business Ethics, 2019 (1): 159-182.

[29] Chen H., H. H. Huang, G. J. Lobo, C. Wang. Religiosity and the Cost of Debt [J]. Journal of Banking & Finance, 2016 (70): 70-85.

[30] Du X., Y. Du, Q. Zeng, H. Pei, Y. Chang. ReligiousAtmo-sphere, Law Enforcement, and Corporate Social Responsibility: Evidence from China [J]. Asia Pacific Journal of Management, 2016 (1): 229-265.

[31] DuX.. Does Religion Matter to Owner-Manager Agency Costs? Evidence from China [J]. Journal of Business Ethics, 2013 (2): 319-347.

[32] El Ghoul S., O. Guedhami, Y. Ni, J. Pittman, S. Saadi. Does Religion Matter to Equity Pricing? [J]. Journal of Business Ethics, 2012 (4): 491-518.

[33] Guiso, L., P. Sapienza, and L. Zingales. People's Opium? Religion and Economic Attitudes [J]. Journal of Monetary Economics, 2003 (1): 225-282.

[34] Harjoto M. A., F. Rossi. Religiosity, Female Directors, and Corporate Social Responsibility for Italian Listed Companies [J]. Journal of Business Research, 2019 (95): 338-346.

[35] He W., M. R. Hu. Religion and Bank Loan Terms [J]. Journal of Banking & Finance, 2016

[36] Hu N., H. Chen, M. Liu. Religious Atmosphere and the Cost of Equity Capital: Evidence from China [J]. China Journal of Ac- counting Research, 2018 (2): 151 – 169.

[37] Jeffrey L. Callen, Xiaohua Fang, "Religion and Stock Price Crash Risk", The Journal of Financial and Quantitative Analysis, 2015 (2): 169 – 195.

[38] Katherine Gundolf, Matthias Filser. Management Research and Religion: A Citation Analysis [J]. Journal of Business Ethics, 2013 (1): 177 – 185.

[39] Laurence R. Iannaccone. Introduction to the Economics of Religion [J]. Journal of Economic Literature, 1998 (3): 1465 – 1495.

[40] Qian X., T. Cao, C. Cao. Institutional Environment and Bank Loans: Evidence from 25 Developing Countries [J]. Corporate Governance: An International Review, 2018 (2): 84 – 96.

[41] René M. Stulz, Rohan Williamson. Culture, openness, and finance [J]. Journal of Financial Economics, 2003 (3): 313 – 349.

[42] Wu, D., C. Lin, S. Liu. Does Community Environment Matter to Corporate Social Responsibility? [J]. Finance Research Letters, 2016 (18): 127 – 135.

The Role of Religious Culture in Public Firms' Bank Loans: Evidence from China

Dezhu Ye   Zhihao Zhang

(*School of Economics, Jinan University, Guangzhou 510632, China*)

Abstract: This paper is based on 2003 – 2016 China's Shanghai and Shenzhen A – share non – financial listed companies as a research sample, empirically test the impact of religious culture on corporate bank borrowing. Empirical results show that the stronger the influence of religious culture, the more their banks loan. After using alternative variables for robustness testing and tool variables to deal with possible endo – existing problems, the conclusion is still valid. Further mechanism test shows that religious culture can improve the information asymmetry in the bank – enterprise lending scenario by improving the integrity and curbing the tunnel effect, reduce the risk of default in the bank – enterprise lending, and improve the bank's expectation of the enterprise's performance on time, thus raising the bank borrowing level of the enterprise. In addition, further analysis found that religious culture has a more profound impact on the level of bank borrowing of non – state – owned enterprises, the role of religious culture in areas with a high degree of opening up to the outside world will be weakened, and with the continuous improvement of the process of marketization, religious culture has played a greater role. This paper discusses the influence of religious culture on corporate governance from the perspective of banking and enterprise lending, and strengthens the evidence of religion's influence on corporate governance.

Keywords: Religious Culture; Bank Loan; Honesty; Tunnel; Effect Informal System

数据挖掘偏差和技术交易策略
有效性的实证分析

◎曹志广　杨军敏　胡瑾瑾[①]

内容摘要：本文在剔除数据挖掘偏差效应后对技术交易策略在我国股票市场上择时的有效性进行了实证研究。应用 SRC、SSPA、SRC（K）、SSPA（K）以及 FDR 方法，选取上证综合指数、深圳成分指数、中小板指数和创业板指数，分别基于日、周、月和 60 分钟等不同周期，对过滤规则、价格移动平均、支撑和阻力、通道突破、OBV 移动平均以及 OBV 移动平均与其他四类规则两两进行组合得到的复杂策略等六类技术规则，总计 7224 个技术交易策略的有效性进行了实证分析。实证结果表明，在剔除数据挖掘偏差后，2010 年前我国股票市场仍然存在战胜买入持有策略的技术交易策略，而且在控制交易成本之后，技术交易策略的超额收益在我国市场上存在持续性，技术分析依然能够产生优于买入持有策略的风险调整后的收益。但在 2010 年之后，战胜买入持有策略的技术交易策略数量显著减少。这说明我国的股票市场有效性在 2010 年之后有显著提高。

关键词：数据挖掘偏差；技术交易策略；市场有效性

一、引言

公认的技术分析方法始于 20 世纪 30 年代的道氏理论，此后逐步完善并在金融市场上得到了广泛应用。技术分析有效性的研究自 Fama 和 Blume（1966）以来，在学术界也逐步得到广泛关注。但一直以来，学术界关于其是否有效的实证研究却并没有得到一致的结论，技术分析方法的有效性在不同时期和不同的市场结论并不相同。技术分析的有效性与弱势有效市场假说有着紧密的关系。在一个高度有效的市场上，指数化投资并长期持有是

---

① 作者简介：曹志广，上海财经大学金融学院，副教授，研究方向：资产定价、行为金融。
　　杨军敏，上海对外经贸大学工商管理学院，研究方向：公司金融、金融市场、公司治理。
　　胡瑾瑾，复旦大学管理学院，研究方向：资产定价、行为金融。
基金项目：国家自然科学基金委 2016 年重大研究计划重点项目（批准号：91546202）、2017 年上海市浦江人才计划（批准号：17PJC007）。

最佳的投资方式，而技术分析是无效的，相对于长期持有策略并不能获得超额收益。新中国的股票市场始于20世纪90年代，历经30多年，取得了瞩目的发展成就，但在市场制度和投资者成熟度等方面与西方成熟股票市场仍然存在比较大的差距。在市场的有效程度方面，相比成熟市场也存在差距，基于有限理性和投资者心理偏差的行为金融理论在我国资本市场有着广阔的发展和应用空间。技术分析在中国市场也更有可能获得超额收益。然而，系统性地对技术分析在我国股票市场上是否产生优于买入持有指数化投资策略的实证研究还不多见，技术分析在我国股票市场的有效性研究无论对行为金融的理论研究，还是投资实践均有重要的现实和指导意义。

对技术分析是否优于买入持有策略的实证检验必须要考虑技术交易策略的数据挖掘偏差（Data snooping bias）。Leamer（1983）很早就指出了数据挖掘偏差对统计推断的不利影响。White（2000）考虑了数据挖掘偏差效应，首先系统性地提出了 RC（Reality check）方法来剔除运气因素之后检验是否存在优胜策略。正如 White（2000）所说，将成千上万的技术交易策略应用于某些特定的市场，由于运气因素，应用通常的 T 检验分别对成千上万的技术交易策略一一进行检验，在统计上总能发现某些表现优于基准策略（比如买入持有策略）的技术交易策略。比如，让1000只没有选股能力的猴子随机挑选股票并持有一年时间，应用通常的 T 检验方法，在1%显著水平下，这1000只猴子中至少有1只猴子具有选股能力的概率为 $1-0.99^{1000}$，即检验结果错误的概率接近100%。真实性检验的基本思想是对这些策略进行联合检验，从而将犯错误的概率有效控制在一定显著水平，比如10%。在 White（2000）的基础上，许多学者也考虑了数据挖掘偏差效应，相继提出了 SPA（Superior predictive ability）、分步 SRC（Stepwise – RC）、SSPA（Stepwise – SPA）、SRC（K）、SSPA（K）和错误发现率 FDR（False discovery rate）等检验方法。

本文应用这些纠正数据挖掘偏差的方法系统地对技术分析在我国股票市场择时的有效性进行实证检验和分析，相对于现有对中国股票市场技术分析的有效性研究文献，本文的贡献主要体现在以下几个方面：（1）采用了检测能力更好的 SRC（K）、SSPA（K）和 FDR 检验方法，有效克服了 RC、SPA 以及 SRC、SSPA 方法检测能力较低的缺陷，从而能够大大减少一些真正跑赢基准的技术交易策略被漏检的可能性。RC、SPA 以及 SRC、SSPA 方法采用了保守的最少有利准则（Least favorable configuration），将错误发现1个及1个以上跑赢基准策略的概率控制在一定显著水平的前提下，比如，1%、5%或10%，从众多备选策略中寻找跑赢基准策略的优秀策略。SRC（K）和 SSPA（K）虽然也采用了保守的最少有利准则，但是放松了错误发现率，将错误发现 K 个及 K 个以上跑赢基准策略的概率控制在一定显著水平，允许在被找出的"优秀策略"中出现 $K-1$ 个被误认为跑赢基准的情况，从而提高了检测能力。FDR 则更为激进，并不基于保守的最少有利准则，将控制错误发现率在一定水平的同时，也更容易发现那些真正跑赢基准策略的技术交易策略。（2）扩展了实证检验的周期，并将技术交易策略的信号扩展到复杂的技术交易信号。论文分别从60分钟、日、周和月周期角度对7224种简单和复杂的技术交易策略的有效性进行了实证检验。（3）应用我国股票市场1990年12月至2020年12月的数据，动态地对技术交易策略的有效性进行了分析，并进一步考察了技术交易策略超额收益的持续性和动态表现。

二、相关文献回顾

学术界方面，Fama 和 Blume（1966）较早地对技术分析的有效性进行了研究。他们选取了 1956—1962 年道琼斯工业平均指数的 30 家成分股日收盘价格，考察了标准过滤规则（Standard filter）的表现，研究结果表明在考虑交易成本后，标准过滤器策略并没有战胜买入持有策略。Fama 和 Blume（1966）的研究对有效市场假说提供了有利的证据。许多其他学者的实证研究也大多支持有效市场假说。此后 20 多年，学术界对技术分析大都保持怀疑态度。进入 20 世纪 90 年代后，行为金融开始兴起，许多对有效市场假说存有争议的学术论文开始大量发表，许多学者逐步意识到早期对技术分析实证研究的局限性，并开始采用更为严谨的研究方法重新评估技术分析的业绩。Brock，Lackonishok 和 LeBaron（1992）选取了美国市场 1897—1986 年道琼斯工业平均指数的日收盘收据，他们使用新的统计方法—自助法（Bootstrap）考察了移动平均线（Moving average）、支撑和阻力线（Support and resistance）两类技术交易策略的业绩表现，研究结论表明技术分析显著地跑赢了买入持有策略。Chu 等人（2020）的研究表明技术分析在投资者情绪比较高的时候具有较强的预测性。Lo，Mamaysky 和 Wang（2000）的研究也表明技术分析显著地跑赢了买入持有策略。Brock，Lackonishok 和 LeBaron（1992）的实证研究注意到了技术分析的数据挖掘偏差效应，并采取了将分析区间分成互不交叉的几个子区间、使用尽可能长的实证数据和报告所有策略的实证结果等方法缓解这一偏差，但并没有从根本上解决这一偏差带来的统计推断问题。

White（2000）提出的 RC 方法为纠正数据挖掘偏差效应奠定了坚实的理论基础，也为解决技术分析实证研究中的数据挖掘偏差效应提供了良好的契机。Sullivan，Timmermann 和 White（1999）正式在学术刊物上发表其 RC 方法前就应用 RC 方法对接近 8000 个技术交易策略的表现进行了实证研究，他们选取了 1897—1996 年道琼斯工业平均指数近 100 年的日收盘数据，他们用 RC 方法基于 1897—1986 年道琼斯工业平均指数重新检验了 Brock，Lackonishok 和 LeBaron（1992）的技术交易策略，他们的研究结果表明在纠正了数据挖掘偏差后，技术交易策略在上述期间确实战胜了买入持有策略。另外，Sullivan，Timmermann 和 White（1999）对 1987—1996 年的道琼斯工业平均指数的实证研究结果表明：在纠正数据挖掘偏差后，技术交易策略并没有战胜买入持有策略。同时，他们还对技术交易策略在 S&P500 股指期货 1984—1996 年的表现也进行了实证分析，在纠正了数据挖掘偏差后，也并没有发现战胜基准策略的技术交易策略。这也暗示相比以前，这一期间的美国市场有效程度有了明显的提升。

在 RC 方法的基础上，Hanson（2005）提出了检测能力更好的 SPA 方法用来探测备选策略中是否存在跑赢基准的策略。相比 RC 方法，SPA 方法作了以下两个方面的改进：（1）缓解了当备选策略中存在的众多表现很差的策略对检测能力的不利影响；（2）采用了标准化的检验统计量，使得比较具有不同波动性的策略表现有了一致的基准。RC 和 SPA 方法仅对备选策略中表现最好的策略是否优于基准策略进行统计检验，并不能探测出备选策略中其他跑赢基准的策略。基于 RC 方法，Romano 和 Wolf（2005）提出了 SRC 方法，从而探测出备选策略中所有跑赢基准的策略。类似地，基于 SPA 方法，Hsu，Hsu 和 Kuan（2010）提出了检验能力更好的 SSPA 方法来探测出备选策略中所有跑赢基准的策略。应用 RC 和 SPA 方法，Hsu 和 Kuan（2005）研究了技术交易策略在相对"年轻"的 NASDAQ 指数和相对成分股规模较小的 Russell 2000 指数上的表现，研究样本期间为 1989—2002 年，他们的研究发现技术交易策略显著战胜了买入持有策略，但对同期比较成熟的道琼斯工业平均指数和 S&P500 指数的研究并没有发现战胜买入持有基准的技术交易策略。Hsu，Hsu 和 Kuan（2010）应用 SSPA 方法，在 1989—1999 年的 S&P500 小盘股 600/花旗成长指数、NASDAQ 指数和 Russell 2000 等指数上也发现了战胜买入持有基准的技术交易策略。Shynkevich（2012）应用 RC、SPA 和 SSPA 方法考察了 1995—2010 年美国市场成长性和公司规模较小的行业，也发现了战胜买入持有基准的技术交易策略。

SRC 和 SSPA 将检测出来跑赢基准的策略中包含"错误"的策略个数为 1 个以及 1 个以上的概率控制在一定显著水平下。如果备选策略中跑赢基准的策略众多，允许在检测出来的跑赢基准的策略中存在少数几个被误判的策略，则探测跑赢基准的策略能力就会增强。基于以上想法，Romano 和 Wolf（2007）在 SRC 方法的基础上提出了 SRC（K）方法，将检测出来跑赢基准的策略中包含"错误"的策略个数为 K 个以及 K 个以上的概率控制在一定显著水平下，即 $P(误判的策略个数 \geq K) \leq \alpha$。其中，$\alpha$ 表示显著水平。实际上 SRC 可以看成 SRC（K）的一个特例，相当于 SRC（1），SRC（2）则对应于 $P(误判的策略个数 \geq 2) \leq \alpha$，即允许出现 1 个误判的情况发生。同样地，基于 SSPA 方法，Hsu，Kuan 和 Yen（2014）提出了 SSPA（K）方法，相对于 SRC（K）方法，SSPA（K）方法的检测能力也更好。Hsu，Kuan 和 Yen（2014）应用 SRC（K）方法检验了 1994—2010 年 1050 只 CTA（Commodity trade adviser）基金的表现，在纠正数据挖掘偏差后，发现仍然存在产生超额收益的基金。

虽然 SRC、SSPA 以及 SRC（K）和 SSPA（K）方法的检测能力依次逐渐增强，但都是单尾检验，基于保守的最少有利准则进行统计推断。Barras，Scaillet 和 Wermers（2010）提出了基于双尾检验的 FDR 方法，用来寻找剔除运气因素之后具有超额收益的基金，Bajgrowicz 和 Scaillet（2012）在此基础上，进一步完善，并将 FDR 方法用于技术交易策略的探测，FDR 方法进一步提高了剔除运气因素之后，在备选策略中探测优胜策略的能力。Bajgrowicz 和 Scaillet（2012）应用 FDR 方法研究考察了 1897—2011 年道琼斯工业平均指数，对技术交易策略的表现进行了评估。他们的研究表明在 1996 年之前存在跑赢买入持有基准的技术交易策略，但在此之后并没有发现战胜基准的技术交易策略。

在技术交易策略和数据挖掘效应研究方面，国内的研究并不多见。陈浪南和王艺明（2001）应用 RC 方法对我国股票市场上技术交易策略的表现进行了实证研究，他们考察了过滤规则、价格移动平均、支撑和阻力、通道突破和 OBV（On - balance volume）移动平均共 7846 个技术交易策略的表现。他们将基准策略设定为持有现金策略，即不购买股票的策略，对 1994—2000 年上证综合指数和个股日收盘数据的实证结果表明：在 10% 显著水平下，在上证综合指数和个股层面并没有发现存在战胜基准的技术策略。

考虑到随着时间的推移，学术界已经提出了许多检测能力更好的统计方法，另外，在投资实践中投资者通常会同时使用两种或两种以上的复杂技术交易策略，交易成本的下降和程序化交易也开始大量出现，基于分钟甚至更快频率的交易也比以前更多。此外，随着中小板和创业板的推出，上市公司中出现了大量成长型的中小企业，热衷于这些股票的投资者往往表现出更多的非理性行为，动量效应也表现得更加明显（Hong 和 Stein，1999；Hong，Lim 和 Stein，2000；Jegadeesh 和 Titman，2001）。技术分析也更可能在这些股票上有比较好的表现（Shynkevich，2012）。基于这些新的情况，本文将应用这些新的统计方法考察上证综合指数、深圳成分指数、中小板指数和创业板指数，分析技术交易策略在60分钟、日、周和月等不同周期上相对于基准策略的表现。与陈浪南和王艺明（2001）的论文不同，我们采用经过风险调整的夏普比率（Sharpe ratio）衡量技术交易策略的表现，并将基准策略设定为买入持有策略。如果市场弱式有效，并且 CAPM 成立，则买入指数并长期持有市场组合是最佳投资策略，并且市场组合具有最高的夏普比率。技术分析的有效性是建立在市场弱式无效的基础之上，我们很自然地将指数的买入持有策略设定为基准，并将夏普比率而不是收益率作为衡量技术策略表现的标准。与许多类似的实证研究不同，本文不仅考察了基于单一技术交易规则的策略，更重点考察了交易量和价格两两组合后得到的复杂策略的表现，这也符合投资者通常采用多种技术交易信号的实际情况。此外，本文还对技术交易策略的持续性进行了分析。如果优秀的技术交易策略不能事前被投资者识别出来，则在投资实践中也难以得到利用。

三、数据和研究方法

（一）数据

本文选取 1990 年 12 月到 2020 年 12 月 60 分钟、日、周和月不同周期上的收盘价和成交量数据。由于不同指数推出的时间并不相同，不同指数选取的样本时间也不相同。选择指数而不是个股数据是考虑到技术交易策略应用到波动性较低的组合上的效果一般要好于应用在波动性较高的个股上（Fong 和 Yong，2005）。具体地，对于日、周和月周期，指数的样本选取时间如下：上证综合指数，1990 年 12 月到 2020 年 12 月；深圳成分指数 1991 年 4 月到 2020 年 12 月；中小板指数 2006 年 1 月到 2020 年 12 月；创业板指数 2010 年 6 月到 2020 年 12 月。对于 60 分钟数据，我们选取了 4 个指数最近 5 年的数据，即 2016 年 1 月到 2020 年 12 月。实证所有数据均来自 Wind。表1 给出了各个指数不同周期收益率的统计性描述。

表1　　　　　　　　　　数据的统计性描述

指数	日						周					
	Min	Max	Mean	Std	Skew	Kurt	Min	Max	Mean	Std	Skew	Kurt
上证	−0.18	0.72	0.05%	0.02	5.32	162.83	−0.23	0.90	0.23%	0.05	5.52	86.21
深成	−0.22	0.23	0.04%	0.02	0.27	16.63	−0.30	0.45	0.18%	0.05	1.01	15.29

续表

	日						周					
指数	Min	Max	Mean	Std	Skew	Kurt	Min	Max	Mean	Std	Skew	Kurt
中小	-0.10	0.09	0.05%	0.02	-0.64	5.77	-0.17	0.18	0.25%	0.04	-0.43	5.03
创业	-0.09	0.07	0.05%	0.02	-0.53	5.10	-0.19	0.12	0.21%	0.04	-0.56	4.54
	月						60 分钟					
上证综指	-0.37	1.02	0.91%	0.12	2.50	23.63	-0.08	0.03	0.00%	0.01	-1.30	21.51
深成指	-0.30	0.63	0.79%	0.11	1.03	7.81	-0.08	0.03	0.01%	0.01	-0.69	12.58
中小板指	-0.29	0.22	1.08%	0.09	-0.37	3.85	-0.08	0.04	0.01%	0.01	-0.55	11.43
创业板指	-0.31	0.22	0.97%	0.09	-0.17	3.66	-0.06	0.04	0.02%	0.01	-0.18	7.46

（二）研究方法

在引入剔除数据挖掘偏差的统计方法前，我们先定义备选策略相对于基准策略的表现从时刻 R 到时刻 T 的历史观测值为 $n \times L$ 的矩阵 F，$T = R + n - 1$，备选策略中策略总的个数为 L，n 为每个策略观测期间的观测点数量。矩阵 F 中第 k 列就表示第 k 个策略相对于基准的表现。通常，策略的表现可以用收益率来表示，策略的收益率减去基准策略的收益率就得到了策略的相对表现。当然，策略的表现也可以用其他方式进行衡量。$f_{k,t}$ 为矩阵 F 第 t 行第 k 列的元素，表示第 k 个策略在时刻 t 的相对表现。

RC 方法

RC 方法的原假设为备选策略中绩效最好的策略不能战胜基准策略，即

$$H_0 : \max_{k=1,2,\cdots,L} \{f_k\} \leq 0$$

其中，f_k 是第 k 个策略相对于基准策略的表现。

RC 方法的检验统计量为：

$$V_{RC} = \max_{k=1,2,\cdots,L} \{\sqrt{n} \bar{f}_k\} \tag{1}$$

其中，$\bar{f}_k$ 为第 k 个策略相对于基准策略的平均表现，即 $\bar{f}_k = \frac{1}{n} \sum_{t=R}^{T} f_{k,t}$。

统计量的经验分布根据 Politis 和 Romano（1994）提出的平稳自助法得到：

步骤 1：首先从 1 到 n 中按照均匀分布随机抽取一个数，计为 x，然后将矩阵 F 中的第 x 行的所有元素抽取出来构成新矩阵的第 1 行。然后，按照以下方式产生下一个随机数 y：以 $1-q$ 的概率取 $x+1$（如果 $x = n$，则取 1），以 q 的概率从 1 到 n 中均匀随机抽取一个数。然后抽取矩阵 F 中所有第 y 行的元素构成新矩阵的第 2 行，重复进行 n 次则得到矩阵 F 的一个抽样样本。进行 J 次抽样，我们就得到了矩阵 F 的 J 个抽样样本。记 $\{f^*_{k,t,j}\}_{t=R}^{T}$ 为第 j 次抽样中第 k 个策略在时刻 t 的相对表现。这里的 q 为平滑参数，在 [0, 1] 之间取值。q 的取值可以根据收益率在时间序列上的相关性来确定，但 Sullivan 等人（1999）的研究表明 q 的取值对检验结果影响并不明显。考虑到股票市场上收益率序列的自相关性，本文参照 Hsu 和 Kuan（2005）的做法设定 $q = 0.1$，并设定 $J = 1000$。显然，Politis 和 Romano（1994）提出的平稳自助法考虑到了样本时间序列上的相关性和横截面上的相关性。

步骤 2：对第 j 个抽样样本矩阵，我们计算其第 k 个策略的平均相对表现：

$$\bar{f}_{k,j}^* = \frac{1}{n} \sum_{t=R}^{T} f_{k,t,j}^*, k = 1,2,\cdots,L, j = 1,2,\cdots,J \quad (2)$$

步骤3：按照以下方式计算 $V_{RC,j}^*$：

$$V_{RC,j}^* = \max_{k=1,2,\cdots,L} \{\sqrt{n}(\bar{f}_{k,j}^* - \bar{f}_k)\}, j = 1,2,\cdots,J \quad (3)$$

这样得到 RC 检验的 p 值如下：

$$p_{RC} = \sum_{j=1}^{J} \frac{I_{(|V_{RC,j}^*| > V_{RC})}}{J} \quad (4)$$

计 RC 检验的 p 值为 p_{RC}，其中，$I_{\{\cdot\}}$ 为示性函数，如果满足条件取 1，否则取 0。如果 $p_{RC} < \alpha$，则在 α 显著水平下，备选策略中表现最好的策略好于基准。

SPA 方法

Hansen（2005）提出的 SPA 基于以下标准化的统计量：

$$V_{SPA} = \max\{\max_{k=1,2,\cdots,L} \frac{\sqrt{n}\bar{f}_k}{\hat{\sigma}_k}, 0\} \quad (5)$$

其中，$\hat{\sigma}_k^2$ 是 $\sigma_k^2 = \text{var}(\sqrt{n}\bar{f}_k)$ 的估计量。为避免那些表现糟糕的策略对检测能力的不利影响，Hanson 采用以下中心化的方式计算抽样样本中的相对表现：

$$Z_{k,t,j}^* = f_{k,t,j}^* - \bar{f}_k I_{\{\sqrt{n}\bar{f}_k/\hat{\sigma}_k > -A\}}, j = 1,2,\cdots,J \quad (6)$$

本文中，我们采用 Hsu 和 Kuan（2005）的做法，设定 $A = \frac{n^{\frac{1}{4}}}{4}$。

SPA 检验的 p 值通过以下 $V_{SPA,j}^*$ 的经验分布获得：

$$V_{SPA,j}^* = \max\{\max_{k=1,2,\cdots,L} \frac{\sqrt{n}\bar{Z}_{k,j}^*}{\hat{\sigma}_k}, 0\}, j = 1,2,\cdots,J \quad (7)$$

其中，$\bar{Z}_{k,j}^* = \frac{1}{n} \sum_{t=R}^{T} z_{k,t,j}^*, k = 1,2,\cdots,L, j = 1,2,\cdots,J$。

对于 $\hat{\sigma}_k^2$，我们也采用与 Hsu 和 Kuan（2005）类似的做法，基于 J 次抽样的样本计算如下：

$$\hat{\sigma}_k^2 = \frac{n}{J} \sum_{j=1}^{J} (\bar{f}_{k,j}^* - \overline{\bar{f}_k^*})^2, k = 1,2,\cdots,L \quad (8)$$

其中，$\overline{\bar{f}_k^*} = \frac{1}{J} \sum_{j=1}^{J} \bar{f}_{k,j}^*$。

SRC 和 SSPA 方法

SRC 首先进行 RC 检验，并计算每个策略的 RC 统计量：$\sqrt{n}\bar{f}_k$，$k = 1,2,\cdots,L$，然后按照降序排列，找出大于临界值，即根据 $V_{RC,j}^*$ 得到的经验分布的 $1-\alpha$ 分位数。如果找不到这样的策略，则接受原假设，即不存在优于基准的策略。如果存在大于临界值的策略，则将这些大于临界值的策略认定为优于基准的策略。然后将这些策略从备选策略中剔除，重复上面的过程，直到没有策略被剔除。SSPA 方法与 SRC 类似，只是在以下两个方面稍有不同：统计量被标准化了，抽样样本中策略的相对表现被中心化了。

SRC（K）和 SSPA（K）方法

SRC（K）方法的检验步骤如下：

步骤 1：建立以下原假设，$H_0: f_k \leq 0, k = 1, 2, \cdots, L$，记 $T_k = \bar{f}_k / \hat{\sigma}_k$ 为标准化的策略统计量，$k = 1, 2, \cdots, L$，然后将 $T_k, k = 1, 2, \cdots, L$ 按照降序排列。

步骤 2：根据 Politis 和 Romano（1994）提出的平稳自助法得到策略统计量中第 K 个最大值经验分布的 $1 - \alpha$ 分位数，记为 $q_{1-\alpha}^K$。如果不存在备选策略中的策略统计量大于 $\max\{q_{1-\alpha}^K, 0\}$ 的情况，则检验结束，接受原假设，即不存在由于基准的策略。否则，将大于 $\max\{q_{1-\alpha}^K, 0\}$ 的策略认定为优于基准的策略。从原备选策略中剔除这些优于基准的策略，构成新的备选策略。

步骤 3：如果前面步骤中优于基准的策略个数小于 K 个，则检验结束。否则，从前面步骤中选出来的优于基准的策略中选出 $K - 1$ 个策略加入前面步骤得到的新备选策略，并按步骤 2 的方法得到第 K 个最大值的经验分布的 $1 - \alpha$ 分位数。将所有可能的 $K - 1$ 个策略，依次加入前面步骤得到的新备选策略，并得到第 K 个最大值的经验分布的 $1 - \alpha$ 分位数。然后计算所有的 $1 - \alpha$ 分位数的最大值，记为 $q_{1-\alpha}^{\max}$。如果备选策略中不存在大于 $\max\{q_{1-\alpha}^{\max}, 0\}$ 的策略，则停止检验；否则将大于 $\max\{q_{1-\alpha}^{\max}, 0\}$ 的策略加入前面认定的优于基准的策略集合。

步骤 4：重复前面的步骤 3，直到不能再找到优于基准的策略。

SSPA（K）的检验步骤与 SRC（K）方法类似，只是在以下方面稍有不同：抽样样本中策略的相对表现被中心化了。

FDR 方法

我们简单表述一下 FDR 方法的基本思想。考虑市场上存在三种不同类型的策略，第一类策略优于基准策略，即相对基准策略的表现为正；第二类策略劣于基准策略，即相对基准策略的表现为负；而第三类策略则与基准策略相当，即相对基准策略的表现为 0。记 π_0 为第三类策略的比例；π_A^+ 和 π_A^- 分别为第一类和第二类策略的比例。FDR 方法采用双尾检验，其原假设为：$H_0: f_k = 0, k = 1, 2, \cdots, L$。

首先，FDR 方法比较单个策略与基准策略，使用 Politis 和 Romano（1994）提出的平稳自助法得到每个策略单独与基准策略表现相比较的 p 值，进而基于这 L 个 p 值估计出第三类策略的比例 π_0，其估计量记为 $\hat{\pi}_0$。其次，得到 π_A^+ 和 π_A^- 的估计值，分别用 $\hat{\pi}_A^+$ 和 $\hat{\pi}_A^-$ 来表示。最后，如果 $\hat{\pi}_A^+$ 显著大于 0，则通过将期望错误发现率控制在一定水平之下，识别出那些优于基准的策略。

（三）技术交易策略

由于我国股票市场从 1990 年开始正式建立，为避免技术交易策略的事后选择带来统计推断上的偏差（Allen 和 Karjalainen，1999），本文仅考虑在 1990 年之前就已经流行多年的交易策略。具体考虑以下技术交易规则：过滤规则、价格移动平均、支撑和阻力、通道突破、OBV 移动平均以及 OBV 移动平均与其他四类规则两两进行组合得到的复杂策略。考虑到更复杂的组合方式将极大增加备选策略的数量，从而导致计算量呈几何级数增长，我们仅考虑在同一周期下 OBV 移动平均与其他 4 种价格类策略两两进行组合的情形。由于我国股票市场在2010年之前不允许卖空,并且虽然之后允许卖空,但卖空交易的成本较高,对个人投资者也设置了较高的门槛,甚至在2015年6月开始的股灾之后,管理层一度限制和禁止卖空行为。基于以上考虑,我们仅考虑做多的技术信号,当技术信号为空头时,持有现金①。6种技术交易规则的描述和具体参数设置如下:

规则1:过滤规则

当目前收盘价高于最近 N 期(不包括当前价格)最低价 $M\%$ 时,买入信号触发;当低于最近 N 期最高价 $M\%$ 时,卖出信号触发。参数设定如下: $N=10, 20, \cdots, 120$; $M=2, 4, \cdots, 20$。共计120个过滤规则。

规则2:价格移动平均

当收盘价格高于 N 期移动平均线时,买入信号触发;当低于最近 N 期移动平均线时,卖出信号触发。参数设定为 $N=5, 10, \cdots, 120$,共计24个价格均线策略。

规则3:支撑和阻力

当收盘价格高于 N 期(不包括当前价格)最高价时,买入信号触发;当低于最近 N 期最低价时,卖出信号触发。参数设定为 $N=5, 10, \cdots, 120$,共计24个支撑和阻力策略。

规则4:通道突破

通道突破规则与支撑和阻力规则类似,当收盘价格高于 N 期(不包括当前价格)最低价 $M\%$ 时,买入信号触发;当低于最近 N 期最低价时,卖出信号触发。参数设定如下: $N=10, 20, \cdots, 120$; $M=2, 4, \cdots, 20$。共计120个通道突破策略。

规则5:OBV 移动平均

当 OBV 高于 N 期 OBV 移动平均线时,买入信号触发;当低于最近 N 期 OBV 移动平均线时,卖出信号触发。参数设定为 $N=5, 10, \cdots, 120$,共计24个 OBV 移动平均策略。

规则6:复杂策略

为避免引入过多备选策略,我们仅考虑 OBV 移动平均分别与其他4类技术策略的两两组合,仅当两个策略同时多头信号时,发出多头信号。总共产生6912个复杂策略。

因此,本文总共考察了7224个技术交易策略。

四、实证检验和结果分析

(一)不考虑数据挖掘偏差的统计检验

首先不考虑数据挖掘偏差,我们对备选的7224个交易策略分别与基准策略进行一一比较。表2给出各个指数夏普比率最高的技术交易策略与买入持有策略的比较情况。表中名义 p 值根据 Politis 和 Romano(1994)提出的平稳自助法并基于表现最好的技术交易策略与买入持有策略两两进行比较得到,这实际上是对应于未考虑数据挖掘偏差效应得到的 p 值。从名义 p 值来看,在10%显著水平下对于所有指数和所有周期,表现最好的技术交易

---

① 这相当于将无风险利率设定为0,这一设定并不影响本文的主要实证研究结果。

策略都跑赢了买入持有策略。表 2 列出了 7224 种策略中表现最好的策略的夏普比率和相应基准策略的夏普比率，以及表现最好策略与基准策略比较的名义 p 值。表 2 也列出了在 10% 显著水平下，7224 个技术交易策略分别与买入持有策略两两进行统计检验跑赢基准的策略个数。在这里并没有考虑技术交易策略的交易成本，交易成本对技术交易策略的绩效影响是非常明显的。关于成本的讨论，将在后面的部分集中进行专门讨论。从表 2 可以看出：如果不考虑数据挖掘偏差和交易成本，7224 种备选策略中，在日数据和周数据上发现存在大量战胜基准的技术交易策略。对于上证综合指数的日数据，存在 6566 种技术交易策略战胜了买入持有策略。对于深圳成分指数的日数据，存在 7102 种技术交易策略战胜了买入持有策略。对于中小板指数的日周期，存在 1546 个战胜基准的技术交易策略，而对于创业板的日周期，则存在 220 个战胜基准的技术交易策略。对于周数据而言，如果不考虑数据挖掘偏差，也发现了许多战胜基准的技术交易策略。对于月数据来讲，则战胜买入持有策略的技术交易策略明显减少。对于上证综合指数的月数据，存在 62 种技术交易策略战胜了买入持有策略。对于深圳成分指数的月数据，存在 236 种技术交易策略战胜了买入持有策略。对于中小板指数的月周期，存在 23 个战胜基准的技术交易策略。而对于 60 分钟级别的数据分析结果也显示：如果不考虑数据挖掘偏差和交易成本的影响，备选策略集合中也存在大量战胜基准的策略。

表 2　　　　　　　　　　不考虑数据挖掘偏差的统计检验

指数	日				周			
	最好策略	基准	名义 p 值	跑赢数量	最好策略	基准	名义 p 值	跑赢数量
上证	1.01	0.34	0.00	6566	0.58	0.31	0.01	1709
深成	1.12	0.28	0.00	7102	0.92	0.27	0.00	2956
中小	0.73	0.44	0.01	1546	0.79	0.46	0.02	86
创业	0.63	0.36	0.01	220	0.69	0.35	0.00	1006
	月				60 分钟			
上证	0.42	0.26	0.05	62	0.57	0.05	0.00	3623
深成	0.39	0.25	0.00	236	2.12	0.56	0.00	3782
中小	0.84	0.41	0.07	23	1.69	0.53	0.00	2989
创业	0.78	0.37	0.06	26	2.60	0.91	0.00	2561

（二）考虑数据挖掘偏差的统计检验

接下来，我们采用 SRC、SSPA 以及 SRC（K）和 SSPA（K）方法，纠正数据挖掘偏差的影响对技术交易策略的相对表现进行评估。表 3 给出了不同周期下，SRC、SSPA 以及 SRC（K）和 SSPA（K）方法对应于最好技术交易策略的 p 值，以及 FDR 方法对备选策略中 π_0、π_A^+ 和 π_A^- 的估计值。同样，这里也没有考虑交易成本的影响。对上证综合指数和深圳成分指数以及中小板的日数据检验结果显示 SRC、SSPA 以及 SRC（K）和 SSPA（K）检验的对应于最好技术交易策略的 p 值均低于 1%，在传统显著水平下都拒绝不存在战胜基准策略的原假设。但对创业板日数据的检验而言，总体上 SRC、SSPA 以及 SRC（K）和 SSPA（K）并没有发现存在战胜基准的策略。由于创业板指数为 2010 年 6 月至 2020 年 12 月，这与始于 1990 年 12 月的上证综合指数和始于 1991 年 4 月的深圳成分指数区间明显存在差异。虽然，投资者非理性行为在创业板可能表现更为明显，但创业板的推出时间比较晚，市场已经经过十几年的发展，市场的有效性已经得到了一定程度的提升，因而基于检测能力比较保守的 SRC、SSPA 以及 SRC（K）和 SSPA（K）在日数据周期上并没有发现创业板存在战胜基准的策略。在周数据方面的结果与日数据周期类似，在 10% 显著水平下，上证综合指数和深圳成分指数的 SRC、SSPA 以及 SRC（K）和 SSPA（K）检验结果都拒绝不存在战胜基准策略的原假设，而在中小板和创业板指数上基本上也还是没有发现存在战胜基准的策略。在月数据周期上，SRC、SSPA 以及 SRC（K）和 SSPA（K）检验只有在深圳成分指数发现了存在战胜基准的策略（p 值 < 5%）。而对于 60 分钟周期，SRC、SSPA 以及 SRC（K）和 SSPA（K）的检验结果表明：所有指数上也不存在战胜基准的策略。FDR 方法对 π_A^+ 的估计值在大部分情况下基本与 SRC、SSPA 以及 SRC（K）和 SSPA（K）的检验一致。比如，对于日数据，FDR 的结果表明：在上证综合指数和深圳成分指数上绝大多数的技术交易策略战胜了基准的买入持有策略（p 值 < 1%），而在创业板指数上战胜基准的策略比例为 0，在中小板指数战胜基准的策略比例为 22%。对于周数据，FDR 方法对 π_A^+ 的估计值除了中小板外，均在统计意义上显著大于 0（p 值 < 1%）。而对于月数据，FDR 方法在上证综合指数、深圳成分指数和中小板指数上均没有发现存在战胜基准的技术交易策略。对于 60 分钟周期的检验结果表明：2016 年 1 月至 2020 年 12 月期间，SRC、SSPA 以及 SRC（K）和 SSPA（K），以及 FDR 方法均没有发现存在战胜基准的技术交易策略；我们进一步考察了 2013 年 1 月至 2015 年 12 月期间的 60 分钟样本，在 2013 年 1 月至 2015 年 12 月期间的 60 分钟周期的检验结果中，对于所有指数，SRC、SS-PA 以及 SRC（K）和 SSPA（K），以及 FDR 方法均发现了存在战胜基准的技术交易策略。表 4 仅列出了 2016 年 1 月至 2020 年 12 月期间 60 分钟周期的检验结果。这一结果表明：在 60 分钟级别上，2015 年以前，技术分析依然能够战胜买入持有策略，但在 2015 年之后，市场的有效程度进一步得到提高，技术分析在 60 分钟级别上的超额收益也消失了。

表 3　　　　　　　　　　　考虑数据挖掘偏差的统计检验

指数	日							周						
	SRC	SSPA	SRC(3)	SSPA(3)	$\hat{\pi}_0$	$\hat{\pi}_A^+$	$\hat{\pi}_A^-$	SRC	SSPA	SRC(3)	SSPA(3)	$\hat{\pi}_0$	$\hat{\pi}_A^+$	$\hat{\pi}_A^-$
上证	0.01	0.01	0.01	0.01	0.04	0.96	0.00	0.21	0.12	0.09	0.06	0.75	0.25	0.00
深成	0.01	0.01	0.00	0.00	0.03	0.97	0.00	0.00	0.00	0.00	0.00	0.42	0.55	0.03
中小	0.28	0.15	0.09	0.13	0.78	0.22	0.00	0.48	0.15	0.14	0.15	0.93	0.00	0.07
创业	0.48	0.28	0.26	0.28	1.00	0.00	0.00	0.18	0.16	0.18	0.15	0.71	0.29	0.00
	月							60 分钟						
上证	0.64	0.45	0.38	0.32	1.00	0.00	0.00	0.36	0.27	0.24	0.18	0.77	0.23	0.00
深成	0.25	0.02	0.03	0.02	1.00	0.00	0.00	0.53	0.42	0.31	0.22	0.82	0.12	0.06
中小	0.73	0.42	0.57	0.46	0.22	0.00	0.78	0.61	0.52	0.46	0.32	0.72	0.26	0.02
创业	0.64	0.48	0.68	0.55	0.28	0.00	0.72	0.71	0.68	0.52	0.29	0.65	0.33	0.02

表 4 给出了 SSPA 检验在 10% 显著水平下战胜基准的策略在 6 大技术规则类别中的分

布情况，考虑到论文篇幅，其他检验的情况并未列出。考虑 SSPA 比较保守的识别能力，我们选取 10% 作为拒绝原假设的标准。对于上证综合指数的日线数据，SSPA 发现了大量战胜基准的技术交易策略，其中，7 个属于过滤规则、4 个属于价格均线规则、9 个属于通道突破规则、10 个属于 OBV 移动平均规则，而 1276 个属于成交量与价格两两组合的复杂策略。对于周数据，SSPA 检验仅发现了深圳成分指数存在战胜基准的策略，其中，21 个属于过滤规则、7 个属于价格均线规则、4 个属于支撑和阻力规则、8 个属于 OBV 移动平均规则，而 468 个属于成交量与价格两两组合的复杂策略。对于月数据，SSPA 方法也仅发现了深圳成分指数存在 18 个战胜基准的策略。2016 年 1 月至 2020 年 12 月期间 60 分钟周期的 SSPA 检验结果表明在样本的 4 个指数上均不存在一些短线可以获得超过基准收益的技术交易策略。

表 4　　　　　　　　　　SSPA 检验优于基准策略的分布

指数	日						周					
	规则1	规则2	规则3	规则4	规则5	规则6	规则1	规则2	规则3	规则4	规则5	规则6
上证	7	4	0	9	10	1276	0	0	0	0	0	0
深成	46	28	7	89	12	2056	21	7	4	0	8	468
中小	0	0	0	0	0	0	0	0	0	0	0	0
创业	0	0	0	0	0	0	0	0	0	0	0	0
指数	月						60 分钟					
	规则1	规则2	规则3	规则4	规则5	规则6	规则1	规则2	规则3	规则4	规则5	规则6
上证	0	0	0	0	0	0	0	0	0	0	0	0
深成	0	1	0	3	2	12	0	0	0	0	0	0
中小	0	0	0	0	0	0	0	0	0	0	0	0
创业	0	0	0	0	0	0	0	0	0	0	0	0

（三）技术交易策略的动态表现

本文以推出时间最早的上证综合指数和深圳成分指数为样本，将整个样本期间以 5 年为单位，分成 5 个时间段。然后对技术交易策略在每一个时间段的表现进行检验，在不考虑交易成本的情形下动态地考察过去 25 年以来技术交易策略在我国股票市场上的表现（见表 5）。从日数据的周期来看，2010 年之前，除了 1996 年 1 月至 2000 年 12 月的上证综合指数，SRC、SSPA 以及 SRC（3）、SSPA（3）检验的 p 值大体上都低于 10% 的显著水平，这说明两个市场指数在 2010 年之前大体上都存在战胜基准的技术交易策略，并且深圳成分指数相对于上证综合指数存在更多战胜基准的技术交易策略。但在 2010 年以后，上证综合指数和深圳成分指数的 SRC、SSPA 以及 SRC（3）、SSPA（3）的检验结果均没有发现战胜买入持有基准策略的技术交易策略。这说明 2010 年之后，市场的有效程度得到了比较明显提升。FDR 检验的结果表明：对于 1996 年 1 月至 2000 年 12 月期间的上证综合指数，备选策略中战胜基准的策略比例 $\hat{\pi}_A^+$ 为 0，而对于其他时间段 $\hat{\pi}_A^+$ 均明显大于 0（p 值<1%）；对于深圳成分指数，在所有的时间段都发现备选策略中战胜基准的策略比例 $\hat{\pi}_A^+$ 明显大于 0（p 值<1%）。表 5 最后一列给出了 SSPA 检验在 10% 显著水平下识别出来的战胜基准的技术策略数量。对于上证综合指数而言，SSPA 识别出来的优于基准的策略数量在 2000 年 1 月至 2005 年 12 月最多，对于深圳成分指数而言，在 2006 年 1 月至 2010

年 12 月 SSPA 识别出来的优于基准的策略数量最多。

表 5　　　　　　　　　　技术交易策略的动态表现

指数	样本期间	SRC	SSPA	SRC（3）	SSPA（3）	$\hat{\pi}_0$	$\hat{\pi}_A^+$	$\hat{\pi}_A^-$	#
上证	1990 年 12 月至 1995 年 12 月	0.20	0.07	0.07	0.06	0.77	0.23	0.00	3
	1996 年 1 月至 2000 年 12 月	0.58	0.55	0.51	0.49	1.00	0.00	0.00	0
	2001 年 1 月至 2005 年 12 月	0.00	0.00	0.02	0.02	0.17	0.83	0.00	79
	2006 年 1 月至 2010 年 12 月	0.10	0.01	0.04	0.05	0.02	0.98	0.00	22
	2011 年 1 月至 2015 年 12 月	0.11	0.16	0.16	0.17	0.79	0.21	0.00	0
	2016 年 1 月至 2020 年 12 月	0.18	0.26	0.23	0.28	0.89	0.11	0.00	0
深成	1991 年 4 月至 1995 年 12 月	0.01	0.01	0.01	0.01	0.13	0.87	0.00	187
	1996 年 1 月至 2000 年 12 月	0.01	0.00	0.03	0.06	0.73	0.27	0.00	14
	2001 年 1 月至 2005 年 12 月	0.11	0.01	0.03	0.04	0.22	0.78	0.00	27
	2006 年 1 月至 2010 年 12 月	0.01	0.00	0.04	0.04	0.00	1.00	0.00	464
	2011 年 1 月至 2015 年 12 月	0.28	0.23	0.18	0.19	0.63	0.37	0.00	0
	2016 年 1 月至 2020 年 12 月	0.41	0.32	0.39	0.28	0.91	0.09	0.00	0

（四）交易成本的考虑

交易成本对技术交易策略的表现影响很大，许多频繁交易的策略在不考虑交易成本的情形下可能表现很好，但其收益很可能被交易成本抵销了。在我国，交易成本通常包括交易印花税和过户费等费用、佣金以及冲击成本。冲击成本与交易的对象和交易的数量密切相关，比较难以测算。本文的分析对象为指数，与实际能够交易的品种最接近的就是指数基金，我们设置交易成本就以当前 ETF 的交易成本为基准。ETF 不需要缴纳 0.1% 的单边印花税，佣金对于许多投资者而言在 0.03%～0.06%，有些机构投资者的佣金甚至低于 0.03%。因此，我们考虑将交易成本分别设在双边 0.05%、0.1%、0.25% 和 0.5% 的情形下讨论 1990 年 12 月至 2015 年 12 月技术交易策略的表现（见表 6）。

表 6　　　　　　　交易成本对日周期技术交易策略绩效的影响

	交易成本 0.05%						交易成本 0.1%					
指数	SRC	SSPA	SRC（3）	SSPA（3）	$\hat{\pi}_A^+$	#	SRC	SSPA	SRC（3）	SSPA（3）	$\hat{\pi}_A^+$	#
上证	0.00	0.01	0.02	0.01	0.96	107	0.01	0.01	0.01	0.04	0.97	65
深成	0.00	0.00	0.00	0.00	1.00	2941	0.00	0.00	0.00	0.01	1.00	1701
中小	0.36	0.25	0.20	0.22	0.00	0	0.41	0.37	0.33	0.31	0.00	0
创业	0.55	0.36	0.32	0.33	0.00	0	0.59	0.41	0.42	0.42	0.00	0
	交易成本 0.25%						交易成本 0.5%					
上证	0.00	0.00	0.05	0.03	0.45	3	0.22	0.17	0.11	0.18	0.26	0
深成	0.00	0.00	0.00	0.02	0.89	200	0.00	0.00	0.04	0.03	0.53	3
中小	0.57	0.45	0.47	0.46	0.00	0	0.67	0.51	0.58	0.52	0.00	0
创业	0.69	0.64	0.57	0.51	0.00	0	0.90	0.86	0.84	0.79	0.00	0

表6给出了交易成本对技术交易策略日线周期表现的影响,列出了SRC、SSPA以及SRC(3)、SSPA(3)检验的p值,FDR方法对战胜基准策略的比例估计值$\hat{\pi}_A^+$,以及SSPA方法识别出来的战胜基准策略的数量。当双边交易成本为0.05%时,上证综合指数和深圳成分指数的SRC、SSPA以及SRC(3)、SSPA(3)和FDR检验均发现存在战胜基准的策略。对于上证综合指数,SSPA识别出107个战胜基准的技术交易策略;对于深圳成分指数,SSPA识别出2941个战胜基准的技术交易策略。对于中小板和创业板,在0.05%的交易成本下,所有检验方法均没有发现战胜基准的技术交易策略。这与前面不考虑交易成本时的结论是一致的。当交易成本设定为双边0.1%时,上证综合指数和深圳成分指数上仍然发现存在较多战胜基准的技术交易策略,其中,上证综合指数上SSPA识别出65个,而深圳成分指数上SPA识别出1701个。当交易成本设定为双边0.25%时,上证综合指数上SSPA识别出3个战胜基准的技术交易策略,而深圳成分指数上SSPA识别出200个战胜基准的技术交易策略。当交易成本设定为双边0.5%时,SSPA检验仅在深圳成分指数上发现3个战胜基准的技术交易策略。

表7 交易成本对60分钟周期技术交易策略绩效的影响

指数	交易成本0.05%						交易成本0.1%					
	SRC	SSPA	SRC(3)	SSPA(3)	$\hat{\pi}_A^+$	#	SRC	SSPA	SRC(3)	SSPA(3)	$\hat{\pi}_A^+$	#
上证	0.19	0.13	0.09	0.12	0.92	0	0.35	0.30	0.21	0.20	0.74	0
深成	0.44	0.16	0.14	0.14	0.92	0	0.56	0.30	0.25	0.29	0.42	0
中小	0.00	0.00	0.01	0.01	0.80	6	0.67	0.31	0.21	0.18	0.59	0
创业	0.41	0.00	0.02	0.00	0.45	163	0.61	0.23	0.24	0.17	0.22	0
	交易成本0.25%						交易成本0.5%					
上证	0.61	0.56	0.53	0.46	0.00	0	0.89	0.58	0.59	0.53	0.00	0
深成	0.63	0.29	0.24	0.27	0.00	0	0.74	0.30	0.33	0.32	0.00	0
中小	0.84	0.49	0.44	0.43	0.00	0	0.92	0.47	0.56	0.41	0.00	0
创业	0.88	0.77	0.72	0.72	0.00	0	0.91	0.81	0.83	0.75	0.00	0

2013年12月至2015年12月60分钟的实证分析发现了在剔除"运气"因素后存在跑赢买入持有策略的技术交易策略。表7则给出了2013年12月至2015年12月交易成本对技术交易策略60分钟周期表现的影响,列出了SRC、SSPA以及SRC(3)、SSPA(3)检验的p值,FDR方法对战胜基准策略的比例估计值$\hat{\pi}_A^+$,以及SSPA方法识别出来的战胜基准策略的数量。SSPA方法仅在0.05%的交易成本下识别出了中小板和创业板存在战胜基准的技术交易策略,其中,中小板发现6个,创业板发现163个。表7的结果表明交易成本对于短线交易的影响非常大。当不考虑交易成本时,实证结果发现存在大量战胜基准的技术交易策略,但考虑交易成本,甚至只有0.05%的双边交易成本之后,只有少量技术交易策略战胜了基准。

(五)技术交易策略表现的持续性检验

前面的检验都是样本内检验,剔除挖掘偏差后识别出来的技术交易策略都是"事后"的。然而在实际投资决策中,我们先要"事前"确定交易策略,投资收益则取决于交易策略在接下来时间段的表现。我们采用与 Bajgrowicz 和 Scaillet（2012）类似的做法来考察技术交易策略的表现是否具有持续性，即样本外的表现。我们依然采用样本期间跨度最长的上证综合指数和深圳成分指数为研究对象，将前面 5 年日数据识别出来的战胜基准的技术交易策略中表现最好的策略作为下一个 5 年的投资策略，依次滚动，直到 2015 年底。考虑到 2010 年之后就日收盘数据而言，实证研究并没有发现战胜买入持有的技术交易策略。因此，滚动测试样本截至 2015 年，样本的时间跨度约 25 年。样本外检验的时间长度剔除第一个 5 年之后约为 20 年。我们从 SSPA 识别出来的优胜策略中选择表现最好的策略。如果前面 5 年 SSPA 没有识别出战胜买入持有的技术交易策略，我们在接下来的 5 年就采用买入持有策略。然后，我们考察以上滚动交易策略相对于买入持有策略的表现。表 8 给出了以上交易策略在不同交易成本之下相对于买入持有策略的夏普比率之差（夏普比率没有进行年化），以及统计检验的 p 值。表 8 中的 p 值依然通过 Politis 和 Romano（1994）提出的平稳自助法得到。当交易成本低于或等于 0.1% 时，技术交易策略在上证综合指数上的样本外检验结果表明技术交易策略在 5% 显著性水平下战胜了买入持有策略。深圳成分指数的结果类似，但仅在 0.05% 交易成本下表明技术交易策略在 5% 显著性水平下战胜了买入持有策略。当交易成本较大时，技术交易策略的表现开始变差。特别地，对于 0.5% 的双向交易成本，技术交易的相对优异表现没有了持续性。总体而言，表 8 的结果表明技术交易策略在合理的交易成本之下，相对于买入持有策略的良好表现具有持续性，并且能够被投资者加以利用。

表 8　　　　　　　　　　　技术交易策略表现的持续性检验

指数	评价	交易成本：0	交易成本：0.05%	交易成本：0.10%	交易成本：0.25%	交易成本：0.5%
上证	夏普比率之差	0.03	0.03	0.02	0.01	−0.01
	p 值	0.00	0.01	0.02	0.19	1.00
深成	夏普比率之差	0.02	0.02	0.01	0.00	−0.03
	p 值	0.02	0.05	0.12	1.00	1.00

（六）基于模拟数据的检验

以上的实证分析是基于市场的实际交易数据，我们实际上并不清楚是否有战胜买入持有策略的存在，我们只能通过统计方法在一定显著水平下进行推断。其统计推断的结果很大程度上也依赖统计检验方法本身的可靠性。接下来我们人为构造一些备选策略集合，在人为构造的备选策略集合中既存在跑赢基准的策略，也存在跑输基准的策略，也存在与基准相当的策略。然后我们应用 SRC、SSPA 以及 SRC（3）、SSPA（3）和 FDR 方法，基于观测到的模拟数据来识别其中跑赢基准的策略。从而，我们能够比较不同检测方法的识别能力，也能对这些方法本身的可靠性进行检验。具体地，我们随机产生 1000 个策略的 500 个观测点上的收益率观测值，设定基准策略的收益率服从均值为 0，标准差为 1 的正态分布。随机产生均值为 0，标准差为 1 的 600 个与基准策略相当的"平庸"策略的观测值。另外，随机产生均值为 10%，标准差为 1 的 200 个"优秀"策略的观测值，以及均值为 −10%，标准差为 1 的 200 个"糟糕"策略的观测值。为简便起见，这里的随机数都是相互独立生成的。因此,基准策略的夏普比率为 0,在备选策略中的比例为 60%,"优秀"策略的夏普比率为 0.1,在备选策略中的比例为 20%,"糟糕"策略的夏普比率为 -0.1,在备选策略中的比例为 20%。基于这 1000 个策略,每个策略 500 个观测到的收益率,以及基准策略的收益率,我们应用 SRC、SSPA 以及 SRC(3)、SSPA(3) 和 FDR 方法探测其中的"优秀"策略。表 9 给出了 10% 显著水平下检验的结果。从模拟数据的检验结果来看,SRC(3)相比 SRC 识别能力有了一定程度的提升,SSPA(3)相比 SSPA 识别能力也有一定程度的提升。FDR 方法的确表现出了比较强的探测能力,识别出 127 个"好"策略,但其中有 9 个是"误判",其错误率为 7.09%,低于 10% 的显著水平。其他检测方法的错误率也均低于 10%,这与这些方法本身就将错误发现率控制在显著水平之下的预期是一致的。基于模拟数据的统计检验结果为前面基于实际数据检验结果的可靠性提供了支撑。

表9 基于模拟数据的统计检验

评价	SRC	SSPA	SRC(3)	SSPA(3)	FDR
识别的"优秀"策略数量	8	38	13	45	127
错误识别的"优秀"策略数量	0	1	0	2	9
正确识别的"优秀"策略数量	8	37	13	43	118
错误率	0.00%	2.63%	0.00%	4.44%	7.09%
FDR 方法对三类策略的比例估计	$\hat{\pi}_0$		$\hat{\pi}_A^+$		$\hat{\pi}_A^-$
估计值	0.62		0.19		0.20
标准误	0.03		0.01		0.03
T 统计量	18.11		13.81		6.07

(七)技术交易策略在上证 50ETF 的样本外表现

以上的实证是基于指数的分析,由于指数并不能直接交易,接下来我们使用上证 50ETF 的日收盘价格作为分析对象,检验在剔除运气因素之后,是否存在技术交易策略跑赢被动买入持有策略。具体地,我们选择我国股票市场上市最早的上证 50ETF 为实证样本。上证 50ETF 于 2005 年 5 月 23 日开始上市交易。因此,样本选取 2005 年 5 月 23 日至 2020 年 12 月 31 日的日收盘数据(前复权处理)进行实证分析。由于 ETF 交易没有印花税,我们将交易成本设定为双边万分之五。由前面的模拟分析可知 FDR 方法对"优秀"策略的识别率最高,这里我们选择识别 FDR 方法分别对 2005—2010 年和 2011—2015 年及 2016—2020 年三个时间段剔除"运气"后,对技术交易策略的表现进行实证分析。同前面的实证结论类似,在 2010 年之前我们发现了 52 个技术交易策略跑赢了买入持有策略,但在 2010 年之后,在日线级别上我们并没有发现跑赢买入持有策略的技术交易策略。在 60 分钟级别上,在 2015 年之前,我们仍然发现了跑赢买入持有策略的技术交易策略,但在 2015 年之后,我们并没有发现跑赢买入持有策略的技术交易策略。

五、结论

本文应用 SRC、SSPA 以及 SRC（3）、SSPA（3）以及 FDR 方法，对技术交易策略在我国股票市场上的表现进行了实证分析。我们从日、周、月和 60 分钟等不同周期，考察了过滤规则、价格移动平均、支撑和阻力、通道突破、OBV 移动平均以及 OBV 移动平均与其他 4 类规则两两进行组合得到的复杂策略等 6 类技术规则，总计 7224 个策略的表现。我们的实证结果表明：

（1）在我国股票市场，即使考虑了合理的交易成本之后，仍然存在战胜买入持有策略的技术交易策略。由于本文采用了 SRC（3）、SSPA（3）以及 FDR 等方法，避免了 RC 方法挑选优胜策略时过于严苛的局限性，同时我们将基准策略设定为更加合理的买入持有策略，而不是持有现金策略。因此，本文的结论与陈浪南和王艺明（2001）的结论也存在明显不同。

（2）在日线级别上，2010 年之后，我国股票市场上发现战胜买入持有策略的技术交易规则明显减少，表明市场的有效性相比以前有了明显的提升。而在 60 分钟级别上的，2015 年以前，技术分析依然能够战胜买入持有策略，但在 2015 年之后，市场的有效程度进一步得到提高，技术分析在 60 分钟级别上的超额收益也消失了。

（3）技术交易策略的超额收益在我国市场上存在持续性。本文的研究结果为中国股票市场的非有效性提供了直接的证据，也为行为金融在我国股票市场的理论研究和应用研究提供了新的视野。同时实证结果为技术分析策略，尤其是基于多个技术分析的复杂策略在资管行业风险管理实践中的应用提供了有益的参考和依据。

当然，在金融投资实践中，交易成本还受到交易金额的冲击影响，本文并未考虑这一因素。另外，本文并没有考虑更多更复杂的技术交易策略，比如，W 底、M 头等基于图形的技术交易策略，并没有讨论这些技术交易策略的有效性问题。虽然 2010 年之后文中讨论的技术交易策略并没有战胜买入持有的被动策略，但并不排除存在其他类型的技术交易策略仍然能够战胜被动策略。因此文中讨论的技术分析策略表现分析也存在一定的局限性。

参考文献

[1] 陈浪南，王艺明. 技术交易规则与超常收益研究 [J]. 经济研究，2001（12）：73–81.

[2] Bajgrowicz p. and Scaillet, O.. Technical trading revisited: False discoveries, persistence tests, and transaction costs, *Journal of Financial Economics*, 2012（106）：473–491.

[3] Barras, L., Scaillet, O., Wermers, R.. False discoveries in mutual fund performance: measuring luck in estimated alphas, *Journal of Finance*, 2010（65）：179–216.

[4] Brock, W., Lakonishock, J., LeBaron, B.. Simple technical trading rules and the stochastic properties of stock returns, *Journal of Finance*, 1992（47）：1731–1764.

[5] Fama, E. F., Blume, M. E.. Filter rules and stock market trading, *Journal of Business*, 1966（39）：226–241.

[6] Fong, W. M. , Yong, L. H. M. . Chasing trends: recursive moving average trading rules and internet stocks, *Journal of Empirical Finance*, 2005 (12): 43 – 76.

[7] Hansen, P. R. . A test for superior predictive ability. *Journal of Business and Economic Statistics*, 2005 (23): 365 – 380.

[8] Hong, H. , Lim, T. , Stein, J. . Bad news travels slowly: size, analyst coverage, and the profitability of momentum strategies, *Journal of Finance*, 2000 (55): 265 – 295.

[9] Hong, H. , Stein, J. . A unified theory of underreaction, momentum trading, and overreaction in asset markets, *Journal of Finance*, 1999 (54): 2143 – 2184.

[10] Hsu P. H and C. M Kuan. Reexamine the profitability of technical analysis with data snooping checks, *Journal of Financial Economics*, 2005 (3): 606 – 628.

[11] Hsu, P. H. , Hsu, Y. C. , Kuan, C. M. . Testing the predictive ability of technical analysis using a new stepwise test without data snooping bias, *Journal of Empirical Finance*, 2010 (17): 471 – 484.

[12] Hsu, Kuan, and Yen. A Generalized stepwise procedure with improved power for multiple inequalities testing, Journal of Financial Econometrics, 2014 (12): 730 – 755.

[13] Jegadeesh, N. , Titman, S. . Profitability of momentum strategies: an evaluation of alternative explanations, *Journal of Finance*, 2001 (56): 699 – 720.

[14] Kosowski, R. , Naik, N. , Teo, M. . Do hedge funds deliver alpha? A Bayesian and bootstrap analysis, *Journal of Financial Economics*, 2007 (84): 229 – 264.

[15] Kosowski, Robert, Allan Timmermann, Russ Wermers, and Halbert White. Can mutual fund "stars" really pick stocks? new evidence from a bootstrap analysis, *Journal of Finance*, 2006 (61): 2551 – 2595.

[16] Kuang P, M Schröder and Q Wang. Illusory profitability of technical analysis in emerging foreign exchange markets, working paper, 2013.

[17] Leamer, E. . Let's take the con out of econometrics, American Economic Review, 1983 (73): 31 – 43.

[18] Liya Chu, Kai Li and Tony Xue – zhong He, Investor Sentiment and Paradigm Shifts in Equity Premium Forecasting, Management Science, forthcoming.

[19] Romano, J. P. , and M. Wolf. Control of generalized error rates in multiple testing, Annals of Statistics, 2007 (35): 1378 – 1408.

[20] Lo, A W. , Mamaysky, H. , Wang J. , Foundations of technical analysis: computational algorithms, statistical inference, and empirical implementation, *Journal of Finance*, 2000 (55): 1705 – 1765.

[21] Romano, J. , P. , Wolf, M. . Stepwise multiple testing as formalized data snooping, *Econometrica*, 2005 (73): 1237 – 1282.

[22] Shynkevich A. . Performance of technical analysis in growth and small cap segments of the US equity market, *Journal of Banking & Finance*, 2012 (36): 193 – 208.

[23] Sullivan, R. , Timmermann, A. , White, H. . Data snooping, technical trading rule performance, and the bootstrap, *Journal of Finance*, 1999 (54): 1647 – 1691.

[24] White, H. . A reality check for data snooping, *Econometrica*, 2000 (68): 1097 – 1126.

[25] Allen F. , Karjalainen R. . Using genetic algorithms to find technical trading rules, *Journal of Financial Economics*, 1999 (51): 245 – 271.

Study on the performance of technical trading rules and data snooping bias

Zhiguang Cao[1]　Junmin Yang[2]　Jinjin Hu[3]

(1. School of Finance, Shanghai University of Finance and Economics, Shanghai 200433, China; 2. School of Management, Shanghai University of International Business and Economics, Shanghai 201620, China; 3. School of Management, Fudan University, Shanghai 200433, China)

Abstract: This paper investigates the performance of 7224 technical trading rules on market timing in Chinese stock market excluding data snooping bias by SRC, SSPA, SRC (K), SSPA (K) and FDR. Technical trading rules include standard filter, moving average, support and resistance, channel breakout, on-balance volume moving average and its combinations with one of the other 4 rules. By correcting data snooping bias, empirical results based on daily, weekly, monthly and 60-minute periods show that there exist technical trading rules outperforming the buy & hold strategy before 2010, and also show the persistence of technical trading rules under a certain level of trading costs. Yet, the number of outperforming technical trading rules diminishes significantly after 2010. Empirical results indicate that market efficiency has been significantly improved after 2010.

Keywords: Data snooping bias; Technical Trading rules; Market Efficiency

基于小样本纠偏的国债风险价格和期限溢价研究

——来自中债国债收益率曲线的经验证据

◎ 孔继红[①]

内容摘要：利用高斯仿射无套利期限结构模型，探讨真实概率测度下状态因子转移参数的小样本偏差矫正，并结合无套利约束，估计因子的风险市场价格和长期收益率的期限溢价。实证显示，经矫正的状态转移参数估计量更好地捕捉了中国国债市场定价因子的持久性。且平均而言，国债市场对水平因子和曲率因子的冲击风险都赋予了正的定价，斜率因子价格则为负数，其中对曲率因子冲击风险的定价最高，而对水平因子的风险定价最小但波动性最大。此外，风险价格对期限溢价的影响分析显示，中债收益率期限溢价均值占长期收益率水平逾27.8%，三个因子风险价格对期限溢价均存在显著贡献。

关键词：风险市场价格；债券期限溢价；仿射期限结构模型；中债国债收益率

一、引言

截至2020年4月，中国债券市场的存量规模逾101.5万亿元，其中国债和地方政府债券市场规模达39.6万亿元[②]。而财政部网站2020年3月的公告称，中国政府将采取发行特别国债，增加地方政府专项债券等积极的财政政策，以应对疫情冲击下的经济下行。那么，经济中风险因子如何决定债券价格或收益率的大小及变动？风险因子如何被定价？风险因子及市场风险价格有着怎样的动态特征？同时，特别国债和政府专项债券的发行，除了引起短期利率效应，又将如何影响长期债券的期限溢价？这些都是市场研究者、投资者和政策制定者等关注的重点内容。对这些问题，需要通过建立短期利率的动态路径，和不

---

① 作者简介：孔继红（1970—），男，南京师范大学商学院，副教授，管理学博士。研究方向为金融工程与风险管理。
基金项目：国家自然科学基金资助项目（71472091）。

② 来自 Wind 金融数据平台。

同期限利率之间的截面关系来解答。文献中，能同时捕捉上述两类特性的仿射期限结构模型，已经成为实证金融的标准范式（Duffie和Kan，1996）。它用于研究债券价格或收益率的决定，并可用于分析市场风险价格和期限溢价等关联问题。

理论上，仿射期限结构模型包含驱动债券收益率变动的定价因子动态系统、从因子到收益率的映射关系，以及截面关系等关键内容。实践中，期限结构模型可表示成状态空间形式，由刻画定价因子动态性的状态方程和描述映射关系的测度方程等组成，而截面关系则通过因子载荷的无套利约束实现（Piazzesi，2010）。时间序列特性和截面特性还将联合用于定价因子风险市场价格的测度，由此可提取长期债券中隐含的期限溢价，并探索风险市场价格对期限溢价的解释能力。

虽然仿射期限结构模型因其合理性和易处理性得到了广泛的实践应用，但依然存在两个值得重视的经验特征。一是国债名义利率水平值通常表现出高度持久性，甚至近似一阶单整的特征。持久性带来的困扰是，风险因子自回归参数的最大似然估计量会出现偏差，表现为比真实数据生成过程更少的持久性。即样本估计量会偏向于动态系统，状态转移参数被低估。二是小样本现象。利率因子因此高度持久性导致很多研究面临样本周期数过少的困境。这极大地降低了转移矩阵等关键参数的估计精度。如Bauer等（2012）通过模拟发现，几个中心趋势的持久性参数最大似然估计量都明显低于其预定的真值。Hamilton和Wu（2012）在模拟后也发现，即使是似然曲面的全局最优点，持久性参数也表现出明显低估。

大多数仿射期限结构模型的估计和应用，都存在因子高度持久性和样本容量不足两大特点，导致因子动态性的持久性参数会被严重低估且精度不足，从而会对模型的估计和应用造成误导。首先，参数低估将导致转移矩阵的特征根下降和半衰期缩短，从而风险因子冲击的影响会快速衰减。这暗示了，模型隐含的期望未来短期利率会迅速恢复到其无条件均值，从而产生对短期利率的虚假稳定估计。但逻辑上，高度持久的时间序列不会经常也不会快速恢复到其均衡水平。其次，收益率样本容量不足及高度持久性，也会扭曲风险价格的估计。仿射期限模型下的风险价格参数，由真实和风险中性概率下的因子转移参数之间的关系所建立。高度持久性和小样本条件下，真实测度下的因子转移参数会受到影响而出现严重偏差，这种偏差会传递到风险价格的估计中。最后，对未来短期利率预测的偏差会进一步影响到期限溢价的估计。其中，过于稳定的短期利率预测，存在将长期利率的大部分变动归因于期限溢价变动的倾向（Cochrane和Piazzesi，2008）。短期利率波动性一般会很高，即使长期利率的分解中采用了预期短期利率在一定时期内的均值，但高度持久性使其变动性不会在平均中被抵消，也不会很快地衰减。对欧元利率期货的分析，Bauer（2011）发现是期望短期利率的均值而非期限溢价占了长期利率的大部分高频变动。王雪标等（2018）对中国银行间国债即期收益率的研究，也发现小样本纠偏表现出收益率的显著持续性，且风险中性远期利率的波动性也显著增加。

那么，如何克服持久性参数估计量的明显低估和精度不足？逻辑上，越是接近单位根过程，其半衰期就越长，因此就越需要更多样本点以确保估计的准确性。是否可以扩展样本区间和提高取样频率等以增加样本容量？扩展样本区间可能会面临时间序列结构性变化下的参数变化问题，而采样频率的提高也会增加持久性。因此，本文采用的是一种矫正方案，即以现有数据为基础，借助随机抽样创造足够多的模拟样本来捕捉收益率的持久性。矫正将使状态转移参数更接近其真实值，从而能确保风险价格估计的准确性。本文模拟分析后发现，参数矫正后的时变性风险价格参数不仅存在大小的改变且存在符号变动的可能。

另一个问题是，持久性参数的矫正关注的是收益率的时间序列特性。无套利约束隐含的不同期限收益率能内在一致性地反映未来短期利率的预期，并通过风险价格建立不同测度之间的联系。这使得收益率观测值的截面关系将有助于更好地确定短期利率的条件期望。也意味着参数矫正和截面约束的结合，将能确保长期利率分解的准确性。如对长期收益率内含的预期短期利率均值和期限溢价的分解，Bauer 等（2012）发现最大似然估计和偏差矫正估计表现出统计和经济上的显著差异。同样，Kim 和 Orphanides（2012）也认为，无套利约束建立了风险中性参数的依赖关系，这能比基于如无约束向量自回归的常规方法提供更可靠的期限溢价估计。

规模巨大的中国债券市场为期限结构研究提供了充分的经验证据。如吴亮（2017）选择前三个主成分作为定价因子，发现高斯仿射模型对中国国债利率期限结构拟合和预测效果良好，而期限溢价在统计上显著存在，且在经济下行（向好）时趋于上升（下降）。王晓芳和郑斌（2015）利用银行间国债即期收益率数据，认为期限溢价源于市场对于未来市场不确定性的补偿，而非源于经济和政策性的冲击。杨镇瑀等（2017）对中国国债长期收益率的分解，发现期限溢价而非短期利率预期均值，解释了大部分中美国债长期利率的联动。

对中国国债市场，系统地探求债券价格的决定、定价因子的风险市场价格和长期债券的期限溢价等，对于研究者、投资者和监管者依然具有重要的实践意义。为此，本文将利用中债国债即期收益率的月度观测数据，在高斯仿射期限结构模型的设定和简化估计技术基础上，首先对真实测度下状态转移参数估计量进行持久性偏差矫正；其次在截面约束下，确定风险中性概率下的状态参数；最后联合确定因子冲击风险的市场价格，从而获得长期收益率中的期限溢价成分，并进一步考察不同因子的风险市场价格对期限溢价的解释能力。

二、模型设定和估计思路

这一部分给出期限结构模型设定，阐述基于回归的估计方法。随后提出期限相邻零息票收益率的模拟方案，确定由小样本和利率高度持久性导致的偏差矫正方案。

（一）高斯仿射期限结构模型（Gaussian Affine Term Structure Model，GATSM）的设定

高斯仿射期限结构模型中，定义 N 维向量 X_t 为状态因子或定价因子，用于刻画经济状态。在真实概率测度 P 下，假定 X_t 遵循一阶高斯向量自回归过程 VAR（1）：

$$X_t = \mu + \Phi X_{t-1} + \sum u_t; u_t \sim N(0, I_N) \tag{1}$$

其中，参数 μ 为 N 维向量，Φ 为（$N \times N$）维转移矩阵，$\sum$ 是（$N \times N$）维下三角矩阵，

I_N 是 ($N \times N$) 维单位矩阵。u_t 为随机冲击项。此外，定义 r_t 为连续复利的单期利率或短期利率。短期利率与状态因子向量 X_t 的联系通过下列仿射关系建立：

$$r_t = \delta_0 + \delta_1' X_t \tag{2}$$

其中，δ_0 为标量，而 δ_1 为 N 维向量。式（2）将短期利率表述为风险因子的线性组合，也是对未来短期利率进行预测的基础。

期限结构模型中，对于价格与因子的截面关系，可施加无套利约束以确保风险中性概率测度 Q 的存在，且不支付红利的任何资产 V_t 在时刻 t 的价格满足（Ang 和 Piazzesi，2003）：

$$V_t = E_t^Q [\exp(-r_t) V_{t+1}] \tag{3}$$

而真实测度 P 下，期限 n 的零息债券在时刻 t 的价格 $P_t^{(n)}$，满足下列递推关系：

$$P_t^{(n)} = E_t [M_{t+1} P_{t+1}^{(n-1)}] \tag{4}$$

期望 E_t^Q 和 E_t 分别在风险中性测度 Q 和真实测度 P 下取得。随机贴现因子或定价核 M_{t+1} 严格为正。随机贴现因子最初建立在边际效用函数之上，包含了风险补偿。从计量和实践的便利性角度，金融文献通常假定 M_{t+1} 是状态因子的指数仿射形式：

$$M_{t+1} = \exp(-r_t - 0.5 \lambda_t' \lambda_t - \lambda_t' u_{t+1}) \tag{5}$$

其中，λ_t 为与不确定性源 u_{t+1} 相对应的风险市场价格。这样，式（5）将真实测度下因子动态过程的冲击 u_{t+1} 与随机贴现因子 M_{t+1} 建立了联系，并通过式（4）显性决定了因子的随机冲击对债券价格的影响方式和影响程度，从而明确了金融资产价格的动态演化过程。

如何评估投资者在市场上所承担的风险？这涉及风险大小和风险价格。一个选择是对风险价格的模型化，如假定时变性风险价格 λ_t 的基本仿射设定（Duffee，2002）：

$$\lambda_t = \sum\nolimits^{-1} (\lambda_0 + \lambda_1 X_t) \tag{6}$$

风险价格 λ_t 度量了冲击 u_{t+1} 的每单位风险所需要的补偿。其中，参数 λ_0 为 N 维向量，λ_1 为 ($N \times N$) 维矩阵。当 $\lambda_0 = \lambda_1 = 0$ 时，则来自经济的任何冲击都不进入定价中，此时投资者是风险中性的。当 $\lambda_t \neq 0$ 时，就意味着长短期利率关系的经典期望假设被拒绝。

为建立两种测度下的参数关系，假定在测度 Q 下，状态因子 X_t 依然遵循 VAR（1）过程：

$$X_t = \mu^Q + \Phi^Q X_{t-1} + \sum\nolimits u_t^Q; u_t^Q \sim N(0, I_N) \tag{7}$$

这里，参数 μ^Q 和 Φ^Q 分别是 X_t 在风险中性测度下的均值和转移矩阵。其中，两种测度下的随机冲击通过风险大小和风险价格建立联系：

$$u_t^Q = u_t + \lambda_{t-1} \tag{8}$$

将式（8）代入式（7）并与式（1）比较，不同测度下的状态参数的差异可通过风险价格参数体现：

$$\mu^Q = \mu - \lambda_0; \Phi^Q = \Phi - \lambda_1 \tag{9}$$

至此，完成了高斯仿射期限结构模型的基本设定。理论上，无套利条件意味着利率的动态特征（由 μ 和 Φ 决定）与截面特征（由 μ^Q 和 Φ^Q 决定）的一致性，并允许风险价格参数的调整（Bauer，2018）。于是原则上，无套利约束的施加将有利于模型的估计，即风险中性动态的估计越精确，就越有利于确定真实测度下的动态性、风险价格和期限溢价（Bauer, 2011）。

为推导债券价格的解析式，GATSM 假定零息债券价格对数是状态因子的仿射形式：

$$\ln P_t^{(n)} = A_n + B_n' X_t \quad (10)$$

其中，A_n 和 B_n 分别是与期限 n 有关的标量和 N 维载荷向量。可以证明它们满足：

$$A_{n+1} = A_n + B_n' \mu^Q + 0.5 B_n' \sum \sum' B_n + A_1 ; A_1 = -\delta_0$$
$$B_{n+1}' = B_n' \Phi^Q + B_1 ; B_1 = -\delta_1 \quad (11)$$

而由（10）可知，期限 n 的零息票债券的连续复利收益率 $y_t^{(n)}$ 为：

$$y_t^{(n)} = -n^{-1} \ln P_t^{(n)} = a_n + b_n X_t$$
$$a_n = -A_n/n ; \quad b_n = -B_n'/n \quad (12)$$

（二）模型的估计思路

实践中，由于交易成本、买卖价差、市场分割和其他一些影响市场完美性的因素，以及观测值的插值处理等，使得理论值和观测值存在差异。因此，本文采用含误差的测度方程：

$$y_t^{(n)} = a_n + b_n X_t + \varepsilon_t ; \varepsilon_t \sim N(0, \Omega) \quad (13)$$

其中，误差项 ε_t 假定为独立正态随机变量，即协方差矩阵 Ω 是对角的。为了完全性，假定（1）和（13）的误差项满足不相关性：$E(u_t \varepsilon_s) = 0, \forall t, s$。仿射无套利期限结构模型的计量过程存在一些挑战。逻辑上，模型最自然的估计量是最大似然估计量。然而，除非少数特例，涉及最大化收益率联合密度的最优问题通常不存在闭式解，从而需要数值优化技术。而拥有大量待估参数的模型，其似然函数表现为参数的高维非线性，且存在多个局部极值点，使得参数估计对初始值极其敏感（Duffee 和 Stanton, 2012），难以确保收敛到全局最优点。

为此，Joslin, Singleton 和 Zhu（2011）曾论证指出，如果定价因子是收益率的线性组合，在一定条件下 GATSM 模型定价因子的条件预测与无套利约束无关。这蕴含着，可将两种测度下状态过程的参数估计相分离。基于此，Rios（2015）在无套利条件下推导了参数的渐近最小二乘（Asymptotic Least Squares, ALS）估计量。ALS 估计量的易处理性和渐近有效性，使得本文的模拟研究能以低成本且可靠的方式实现。思路是，式（11）中，载荷系数 A_n 和 B_n 是风险中性参数 μ^Q 和 Φ^Q 的线性函数。如果误差项协方差矩阵 Σ 和系数 A_n、B_n 集已知，那么求解 μ^Q 和 Φ^Q 就很直接。虽然 Σ、A_n 和 B_n 实际上不可直接观测，但其一致性估计量却可从简化形式的模型中估计，随后替换式（11）中的未知向量集合，从而能用回归方式对 μ^Q 和 Φ^Q 进行估计：

$$A_{n+1} - A_n - 0.5 B_n' \sum \sum' B_n - A_1 = B_n' \mu^Q + \eta_A$$
$$B_{n+1}' - B_1' = B_n' \Phi^Q + \eta_B \quad (14)$$

其中，误差项 η_A 和 η_B 分别是对应的均值为零的随机变量，且假定相互独立。借助回归技术的参数检验可以发现 μ^Q 和 Φ^Q 中某些元素的显著性程度，这提供了参数约束的信息，从而避免了主观性先验。本文的实证显示，参数 μ^Q 的估计量都不显著，所对应的方程的 R^2 也非常小。而关于 Φ^Q 的估计显示，对应三个方程的 R^2 都在 98% 以上，且主对角线元素高度显著,部分非对角元素则不显著。无疑,这些经验结论实际上提供了对风险中性转移方程参数施加约束的重要经验线索。

模型简化形式的估计需要状态因子已知,有一些不同的方法用于获取状态因子。如直接假定几个收益率无测度误差,或采用收益率自身的线性组合如前几个主成分等。但只要它们涵盖了利率期限结构的时间序列和截面变化,不同方式下得到的状态因子的差异性似乎并不会对模型的估计和运用造成不利影响(Adrian 等,2013)。这意味着因子的提取或选择标准是,其能否充分解释利率期限结构的时间序列和截面特征。鉴于中国国债市场的特殊性(如三个子市场的分割性)和中债收益率数据的 Hermite 插值方式,本文通过动态 Nelson–Siegel 模型(DNS)的最大似然估计以提取状态因子(Diebold 和 Li,2006)。

(三)零息票收益率的插值

通过式(14)可以估计风险中性测度下转移方程参数的前提是,期限连续相邻,且期限为常数的零息票收益率已知。但实际的情况是,作为实证研究中的主要数据来源,只有零息票债券收益率的部分子集可以随时获得,而且这些子集中的期限也常常是变化的。在这种情况下,研究者常常采用诸如样条插入值法、Hermite 插值法等获得其他期限的债券收益率。这样做,可能会将零息票收益率曲线在插值中的噪声引入期限结构模型的估计。

为此,本文采用原始数据下 DNS 模型估计得到的参数,然后利用测度方程估计从期限 1 到 120 个月的所有样本内外的收益率序列。其中,误差项标准差采用计量方法拟合现有的 11 个期限的已估计标准差[1],并进行样本内拟合和样本外外推。由此,就可以建立包含测度误差的样本内外收益率的模拟数据。

在实证中发现,不同的收益率测度标准差设定会对 a_n、b_n 序列的估计结果造成较大的随机干扰,从而影响风险中性参数 μ^Q 和 Φ^Q,以及风险价格参数 λ_0 和 λ_1 的估计。为此,本文通过重复随机抽样获取收益率,以期望得到这些参数估计量的均值和标准差,作为后续统计检验和推断的依据。

(四)持久性参数的偏差矫正

虽然收益率的样本容量不足和高度持久性特征下,GATSM 模型状态转移参数估计偏差的定性含义非常直观,但偏差的大小及其对预期短期利率路径、风险价格和期限溢价的影响并不十分明晰。一种大量重复随机抽样的模拟方案有助于对这些问题的解决,本文所采用的方法可以直接采用最小二乘技术实现,从而有效地避免了如最大似然法等成本高昂的数值优化技术。因此可以利用这些新程序通过重复模拟和估计,来促进参数估计量的小样本偏差矫正。随后,通过基于模拟的偏差矫正估计量,替换在状态自回归系统的 OLS 估计量,并以常规方式确定模型截面关系的参数。

实践中,存在几种不同的方法可以矫正 VAR 估计中的小样本偏差,包括解析偏差近似和模拟偏差矫正。两种矫正方法都能消除一阶偏差,且都是渐近等效的。解析偏差近似求解快速且易于计算,这样就可以利用偏差矫正降低偏差至 T^{-2} 阶(Horowitz,2001)。由于本文所采用的 ALS 回归技术,小样本偏差(标准误)可以通过参数化的 Monte Carlo 模

---

[1] 所选用的函数拟合优度 $R^2 = 97.94\%$。

拟或非参数化的自举抽样（Bootstrap）计算得到。考虑到本文的研究目标，我们结合 Bauer 等（2012）和 Rios（2015）中所采用的方法，前者用于矫正状态方程均值回复参数的小样本偏差，后者用于获得风险参数的模拟标准差，以评估其精度和可能的零约束问题。

具体的模拟计算步骤如下：

A. 基于原始数据的模型参数估计

A.1 利用 DNS 模型提取的隐因子 X_t，估计无约束 VAR（1），得到状态方程（1）的参数估计量 $\hat{\theta} = [\hat{\mu}, \hat{\Phi}, \hat{\sum}]$。这些参数估计量将作为随后产生模拟因子的不变参数。同时，保留状态方程 VAR（1）的残差序列，作为后续自举随机样本的来源。

A.2 基于状态因子 X_t，得到测度方程（13）的参数估计量 $\hat{\gamma} = [A_n, B_n]$。注意这里需要从 1 到 120 个月期限的所有收益率数据，但除了观测值外，其余都是随机模拟样本。

A.3 在 A.1 和 A.2 的估计基础上，利用式（14）回归得到风险中性参数估计量 $\hat{\theta}^Q = [\hat{\mu}^Q, \hat{\Phi}^Q]$，以及利用式（9）计算得到风险价格参数 $\hat{\lambda} = [\hat{\lambda}_0, \hat{\lambda}_1]$。注意此时的风险价格参数只是点估计，随后将利用模拟方法得到其多个随机样本下的均值和标准差。

上述参数都是在 DNS 模型所提取的隐因子基础上估计的。为了获得小样本偏差矫正，以及考察矫正对风险价格和期限溢价估计量的影响，下一步考虑在收益率和状态因子模拟样本下的参数估计量。

B. 基于模拟样本的模型参数估计

重复产生状态因子模拟样本。设 $m = 1$。

B.1 利用 A.1 中得到的参数估计量 $\hat{\theta}$，选择合适的起始值，并对 A.1 中 VAR（1）的残差序列随机抽样（自举法），利用状态方程（1），产生因子的模拟随机序列 $X_t^{(m)}$（上标 m 表示重新抽样的第 m 次。下同）；随后估计模拟状态因子序列的 VAR（1），得到参数在模拟数据下的估计量 $\hat{\theta}^{(m)} = [\hat{\mu}^{(m)}, \hat{\Phi}^{(m)}]$。

B.2 利用 B.1 产生的状态因子模拟序列和包含正态冲击（方差由 DNS 模型所估计得到）的测度方程（13），产生模拟收益率序列 $y_t^{(n,m)}$；随后利用模拟收益率序列 $y_t^{(n,m)}$ 对相应的模拟状态因子序列 $X_t^{(m)}$ 进行 OLS 截面回归，得到模拟样本下的载荷参数估计量 $\hat{\gamma}^{(m)} = [A_n^{(m)}, B_n^{(m)}]$。

B.3 利用式（14）的回归以获得风险中性参数估计量 $\hat{\theta}^{Q(m)} = [\hat{\mu}^{Q(m)}, \hat{\Phi}^{Q(m)}]$。

B.4 根据（9）计算风险价格参数 $\hat{\lambda}^{(m)} = [\hat{\lambda}_0^{(m)}, \hat{\lambda}_1^{(m)}]$。

B.5 重复 B.1 至 B.4 共计 M 次。

C. 真实测度下的状态方程参数的小样本矫正

对真实风险测度下的参数，利用下式计算自举偏差矫正估计量：

$$\hat{\theta}^M = \hat{\theta} - [\bar{\theta} - \hat{\theta}] = 2\hat{\theta} - \bar{\theta}。其中, \bar{\theta} = M^{-1}\sum_{m=1}^{M}\hat{\theta}^{(m)} \tag{15}$$

其中，对于足够大的自举抽样次数 M，估计偏差是 $(\bar{\theta} - \hat{\theta})$。这样就可以使偏差降低至 T^{-2} 阶。

因风险中性测度下的参数 $\hat{\theta}^Q$ 的估计并不存在与 VAR 估计类似的偏差问题,因此本文直接对多次模拟样本下的参数估计量计算其均值和标准差。

D. 风险价格参数的模拟均值和标准差

最后,利用重复抽样计算得到的风险价格参数 $\hat{\lambda}^{(m)}$,计算其均值和标准差。该估计结果将作为计算时变性风险价格的依据。

三、实证分析

(一)数据描述

本文采用的中债国债即期收益率数据源于 Wind 金融资讯终端。样本区间为 2006 年 3 月至 2019 年 4 月,样本容量 158,包括 1 个、3 个、6 个、9 个、12 个、24 个、36 个、48 个、60 个、84 个和 120 个月等共 11 个期限。连续收益率的描述统计量如表 1 所示。可以发现,样本均值随期限而增加,表明收益率曲线总体上有上倾特性;而标准差则是期限的减函数。滞后自相关系数衰减缓慢,表现出明显的持久性特征。偏度系数(标准误约为 0.1949)经检验都与零无显著差异。同时,对所有收益率序列的检验显示,在月度频率数据基础上,均无法拒绝正态性原假设。

表 1 中债国债收益率的描述统计量

期限(月)	均值	标准差	最小值	最大值	$\rho(1)$	$\rho(2)$	$\rho(6)$	$\rho(12)$	偏度	峰度	R^2
1	2.377	0.812	0.727	4.762	0.876	0.789	0.595	0.230	0.244	3.189	0.831
3	2.513	0.769	0.843	4.585	0.927	0.829	0.542	0.061	-0.181	2.638	0.962
6	2.576	0.741	0.893	4.131	0.938	0.845	0.541	0.024	-0.314	2.514	0.994
9	2.616	0.726	0.930	4.101	0.939	0.844	0.523	-0.003	-0.349	2.509	0.999
12	2.655	0.724	0.960	4.132	0.940	0.847	0.519	-0.028	-0.348	2.466	0.997
24	2.848	0.687	1.166	4.295	0.950	0.867	0.513	-0.079	-0.338	2.546	0.993
36	3.006	0.612	1.323	4.374	0.945	0.854	0.456	-0.126	-0.218	2.581	0.998
48	3.140	0.566	1.561	4.474	0.942	0.846	0.422	-0.165	-0.035	2.459	0.998
60	3.232	0.523	1.818	4.413	0.933	0.834	0.397	-0.205	0.108	2.246	0.993
84	3.439	0.475	2.194	4.543	0.928	0.819	0.373	-0.212	0.159	2.301	0.989
120	3.569	0.455	2.720	4.536	0.938	0.842	0.419	-0.132	0.319	2.456	0.989

注:收益率以连续复利计并扩大 100 倍。$\rho(k)$ 为滞后 k 阶自相关系数。R^2 列为 DNS 模型提取的隐因子对相应期限收益率的拟合优度。

表 2 DNS 模型所提取的状态因子描述统计量

状态因子	均值	最大值	最小值	标准差	$\rho(1)$	$\rho(6)$	$\rho(12)$	偏度	峰度	ADF
L_t	4.020	0.455	3.094	5.030	0.958	0.565	0.289	0.021	2.444	-4.009
S_t	-1.558	0.889	-3.910	-0.256	0.933	0.565	0.327	-1.041	3.464	-3.752
C_t	-0.746	0.895	-4.146	1.172	0.910	0.345	0.126	-1.104	4.880	-3.955

注:因子数据扩大 100 倍。ADF 列为 ADF 单位根检验统计量(包含常数项和趋势项)。L_t、S_t、C_t 分别表示水平因子、斜率因子和曲率因子。

而 DNS 模型所提取的状态因子的描述统计量如表 2 所示。其中，延迟参数估计量 0.0428（标准误 0.0015），即曲率最大值对应的期限约为 42 个月。而单位根检验显示，在 1% 的水平上三个状态因子均无法拒绝存在单位根的原假设。非平稳性下的 OLS 回归会严重低估自回归系数，这为小样本纠偏的必要性提供了经验性证据。表 1 最后一列 R^2 显示了三因子对收益率观测值的拟合优度。总体上，DNS 模型提取的隐因子对收益率存在很强的解释能力。

(二) 真实测度下的状态转移参数：小样本偏差矫正

随后，计算残差自举法下的小样本均值矫正的状态转移参数估计量。其中，状态方程参数保持初始状态因子的估计量不变，但随机误差则对初始因子 VAR (1) 的残差采用自举抽样，这样可以模拟产生不同的状态因子序列。模拟次数 5000 次。

表 3 上半部分为状态因子的 VAR (1) 结果，其中左半部分是未经矫正的状态参数 μ、Φ，右侧则是经纠偏的参数估计量 μ^M、Φ^M。为评估参数估计量矫正的影响，本文考察了转移矩阵估计量下的持久性等指标，如表 3 下半部分所示。报告了转移矩阵的特征值和最大特征值对应的半衰期。可知，初始转移矩阵最大特征值的模仅为 0.9509，半衰期 13.8 个月，矫正后最大特征值为 0.9843，半衰期扩大至约 43.8 个月，接近于曲率最大值对应的期限。

表 3 状态方程转移矩阵的估计量和小样本纠偏估计量

状态因子	Φ			μ	Φ^M			μ^M
L_t	0.9542*	0.0116	-0.0432	0.0017	0.9820	0.0161	-0.0386	0.0007
	(-0.0257)	(-0.0153)	(-0.0136)	(-0.0010)	[0.0401]	[0.0916]	[0.1150]	[0.0015]
S_t	-0.0107	0.8612*	0.1299*	-0.0007	0.0032	0.8936	0.1170	-0.0009
	(-0.0617)	(-0.0366)	(-0.0325)	(-0.0023)	[0.0198]	[0.0473]	[0.0602]	[0.0034]
C_t	0.0554	0.0489	0.8920*	-0.0022	0.0202	0.0491	0.9299	-0.0006
	(-0.0753)	(-0.0446)	(-0.0396)	(-0.0028)	[0.0161]	[0.0379]	[0.0501]	[0.0042]
$|Eig(\Phi)|$	0.9509	0.9509	0.8065		0.9843	0.9843	0.8370	
半衰期	13.77				43.80			

注：μ 和 Φ 分别是式 (1) 的参数估计量，上标 M 表示经均值矫正。$|Eig(\Phi)|$ 表示对应转移矩阵特征值的模。半衰期 $(\log(2)/\log(|Eig(\Phi)|))$ 以最大特征值计算。圆括号表示对应参数估计量的标准误，方括号表示对应参数 5000 次模拟估计量的标准差。标有 "*" 表示对应的参数在 1% 的水平上显著非零。

不同模拟样本数据下的这些指标存在量上的差异，但共同的是自回归系数的最小二乘估计量确实明显低估了动态系统的持久性，而经矫正的持久性度量能更好地刻画数据的真实动态性，从而将有助于改善定价因子风险市场价格的估计和应用。因此，后文将采用小样本纠偏的转移矩阵参数估计量，用于风险价格参数的估计，并比较矫正前后的差别。

(三) 风险中性状态转移参数

与真实测度下的估计不同，风险中性测度下的状态方程参数并非通过自回归系统，而是采用截面回归式 (14) 获得。因此，在大量重复样本下，本文计算了参数估计量的均值和标准差。如表 4 所示，左侧是最初状态因子下的某一次估计结果。通常该结果会受到模拟样本随机性的干扰而出现较大的变动，甚至 $\Phi^Q(1,1)$ 会以非零概率出现大于 1 的情形。为此，本文计算了 5000 次模拟下参数估计量的均值及标准差 (表 4 右侧)。结果表明,风险中性参数Φ^Q中,很多非对角元素确实存在与零无显著差异的情况,但Φ^Q的主对角线元素均显著异于零。

(四) 风险参数与风险价格

比较表3和表4,不同测度下的参数矩阵估计量存在差异,这些差异正是风险价格参数可能非零的证据。于是本文给出了基于初始因子 VAR 估计下的风险价格参数估计量(λ_0,λ_1);随后在基于真实测度下经小样本纠偏的μ、Φ估计量和基于模拟的风险中性测度下的μ^Q、Φ^Q估计量后,利用式(9)计算得到的(λ_0^*,λ_1^*)。如表5所示,可以看出,经矫正的风险价格参数大小甚至有些元素的符号都发生了变化。无疑,这些变动对三个因子所对应的时变性风险价格将产生较为明显的影响。图1显示了三个因子的冲击所对应的风险价格序列。表6则列出了时变性风险价格序列的均值和标准差①。

表4　　　　　　　　　风险中性测度下状态转移矩阵参数估计量

状态因子	Φ^Q		μ^Q		$\overline{\Phi^Q}$		$\overline{\mu^Q}$	
L_t	0.9959*	-0.0079	0.0283	0.0003	0.9904	-0.0192	0.0634	0.0005
	(0.0089)	(0.0213)	(0.0547)	(0.0003)	[0.0055]	[0.0126]	[0.0349]	[0.0002]
S_t	-0.0071	0.9425*	0.0485	0.0001	-0.0089	0.9350	0.0655	0.0004
	(0.0047)	(0.0113)	(0.0290)	(0.0008)	[0.0033]	[0.0077]	[0.0210]	[0.0005]
C_t	0.0094	0.0605*	0.8973*	-0.0008	0.0097	0.0631	0.8903	-0.0021
	(0.0047)	(0.0113)	(0.0290)	(0.0020)	[0.0031]	[0.0070]	[0.0196]	[0.0013]

注:左侧(Φ^Q和μ^Q)是最初状态因子下的某一次估计结果。右侧($\overline{\Phi^Q}$和$\overline{\mu^Q}$)是5000次模拟下参数估计量的均值及标准差。

表5　　　　　　　　　　风险价格参数估计量

λ_0		λ_1			λ_0^*	λ_1^*		
0.18	-5.02	0.60	-2.92	0.02 (0.02)	-0.84 (0.55)	3.53 (1.26)	-10.19 (3.49)
-0.03	-0.24	-7.56	6.22	-0.13 (0.05)	1.21 (0.33)	-4.14 (0.77)	5.15 (2.10)
-0.30	4.77	-0.91	-0.67	0.16 (0.13)	1.05 (0.31)	-1.40 (0.70)	3.95 (1.96)

注:数据扩大了100倍。圆括号内表示对应参数5000次模拟估计量的标准差。上标"*"表示经均值矫正后的估计结果。

表6　　　　　　　　时变性风险价格序列的均值和标准差

风险价格	λ_t			λ_t^*		
均值	-0.111	0.065	-0.214	0.060	-0.170	0.497
标准差	0.250	0.168	0.125	0.629	0.149	0.220

注:三因子所对应的时变性风险序列($\lambda_t = \lambda_0 + \lambda_1 X_t$)是利用表5风险价格参数估计量而计算得到的。上标"*"表示经均值矫正后的估计结果。

---

① 对于式(5)和式(6),不同文献存在细微差别。如 Ang 和 Piazzesi(2003)、Bauer(2018)及 Rios(2014)等,这会导致对风险价格参数(λ_0,λ_1)的估计量不可直接比较,但不会影响债券价格和收益率的大小。

矫正明显地改变了风险价格序列的基本统计特征。经矫正后，从平均值看，水平因子和曲率因子冲击下的风险价格均由负均值变成正均值，而斜率因子冲击的风险价格序列均值则由正数转为负数。这意味着经小样本纠偏后，中债国债市场的水平因子和曲率因子都存在正的定价，而斜率因子则提供了负的定价。实证显示，DNS提取的斜率因子与经验斜率因子（3月期与10年期收益率之差）的相关性达到了95.6%。因此，DNS提取的斜率因子是长短期收益率之差的相反数，这意味着长短期收益率之差冲击下的风险价格依然为正。

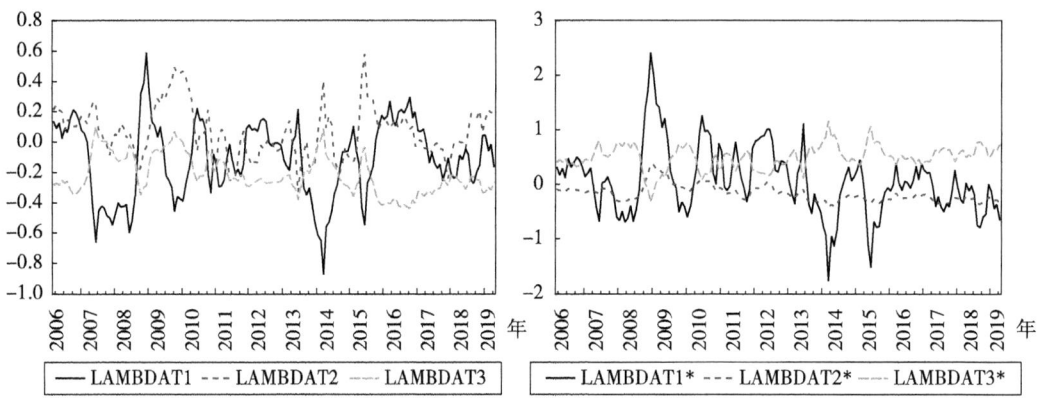

注：序列Lambdat1，Lambdat2和Lambdat3是λ_t的三个序列成分。标有"*"号对应的是λ_t^*的成分。

图1 风险价格时间序列图（左图未经小样本纠偏，右图经小样本纠偏）

这样的结果更加合理。从直觉上，投资者需要因其承担的系统性风险而获得正的补偿，而三个定价因子正是市场系统性风险的代表。此外，矫正后的曲率因子冲击下的价格平均远高于其他两个因子对应的风险价格，样本内只有在一段时间内（2008年10月至2009年4月）出现了较大的逆转，如图1右侧所示。这是否隐含着，在中债国债市场上，对曲率因子的冲击风险赋予了更高的定价，而代表长期趋势的水平因子冲击的定价则最低？从风险价格波动性的角度看，经矫正后的水平因子冲击的风险价格波动性最大，而斜率因子冲击的风险价格波动性最小。这种结论是否有助于解释期限溢价的变动性来源，本文在下文进一步探讨。

四、风险价格对期限溢价的影响分析

金融理论认为，短期债券在短期期限内的投资回报是确定的，而持有长期债券在相同短期内的回报是有风险的。为此，可以将长期利率分解为（期望）短期利率均值和期限溢价两部分。前者与期望短期利率的路径有关，而期限溢价则是长期债券所提供的补偿。期限溢价的存在是对纯预期理论的偏离。一般地，期限溢价与反映经济状况的风险因子相关，但难以量化，而期限结构模型提供了分析短期利率预期和期限溢价的便利工具。如前文所述，两种测度下因子动态性的差异正反映了投资者的风险偏好。这样，利用基于少量风险因子的模型来提取期望短期利率和期限溢价成分就成为可能（Cohen 等，2018）。为此，本文将长期利率分解为未来短期利率期望和期限溢价两部分：

$$y_t^{(n)} = \frac{1}{n}\sum_{h=1}^{n} E_t r_{t+h-1} + x_t^{(n)} \tag{16}$$

其中，$x_t^{(n)}$ 为期限 n 的长期债券期限溢价。短期利率序列 $\{r_t\}$ 由式（1）所驱动①。

图 2 显示了 10 年期收益率及其期望短期利率均值和期限溢价。长期收益率中短期利率均值占比很高（平均约为 72.2%）。但由于计算中需要对期望短期利率路径取均值，因此其相对于长期收益率表现得相当平稳。平均为 1.0% 的期限溢价，在长期收益率中占比约为 27.8%，其变动趋势与长期收益率高度一致，也反映了中国国债市场存在较高的风险补偿需求。可以比较，对 10 年期美国国债期限溢价的研究，Cohen 等（2018）也发现期望短期利率均值占比也很高。同时，期限溢价的上升或下降通常与经济环境密切相关。尤其是，2008 年后全球政府债券长期债券期限溢价出现陡降现象，如期限溢价水平从 2008 年 6 月的 1.9% 降到 2008 年 12 月的最低值 0.17%，这种下降趋势可能与当时各国的宽松财政政府和债券风险属性有关。无疑，这些结论将有助于本文理解 2020 年中国特别国债的发行对长期利率的影响方向。

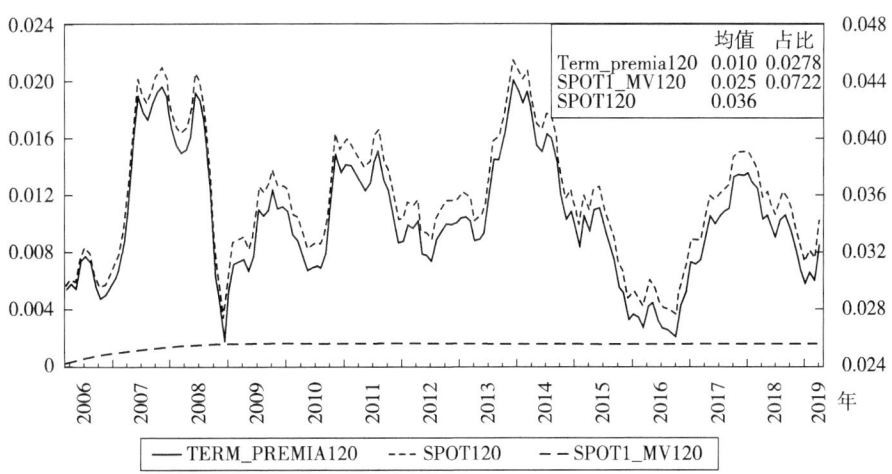

注：SPOT120 表示 10 年期即期收益率，TERM_PREMIA120 表示 10 年期债券的期限溢价，SPOT1_MV120 表示短期利率在随后 10 年的移动均值。

图 2 十年期收益率（右轴）及期望短期利率期望均值（右轴）和期限溢价模拟均值（左轴）

---

① 上述方法下的期限溢价估计量的样本只有 $T-n+1$，没有充分利用长期债券的所有观测值。为此，本文对短期利率进行外推，直至利用 $y_t^{(n)}$ 的全部观测值，从而获得 $n-1$ 个额外期限溢价的估计量。

表7　期限溢价对不同因子对应的风险价格的线性回归结果

期限	$RP1^*$	$-RP2^*$	$RP3^*$	$RP1$	$-RP2$	$RP3$	R^2
12	0.153 (0.019)	0.104 (0.011)	0.383 (0.048)	-0.011 (0.002)	0.018 (0.002)	-0.005* (0.005)	0.400
24	0.276 (0.016)	0.172 (0.009)	0.705 (0.041)	-0.025 (0.002)	0.024 (0.002)	-0.009* (0.004)	0.737
36	0.233 (0.013)	0.143 (0.008)	0.603 (0.034)	-0.028 (0.002)	0.016 (0.002)	-0.016 (0.003)	0.797
48	0.200 (0.011)	0.122 (0.007)	0.518 (0.029)	-0.025 (0.001)	0.013 (0.001)	-0.015 (0.003)	0.804
60	0.190 (0.010)	0.117 (0.006)	0.492 (0.026)	-0.024 (0.001)	0.013 (0.001)	-0.014 (0.003)	0.817
84	0.168 (0.007)	0.100 (0.004)	0.436 (0.018)	-0.021 (0.001)	0.010 (0.001)	-0.012 (0.002)	0.884
120	0.210 (0.004)	0.109 (0.003)	0.549 (0.011)	-0.015 (0.001)	0.014 (0.001)	0.010 (0.001)	0.954

注：$RP1$、$RP2$ 和 $RP3$ 列分别为三个因子对应的时变性风险价格，标有"*"的为经均值矫正后参数下的风险价格。$-RP2$ 和 $-RP2^*$ 分别表示斜率因子对应的风险价格的相反数。圆括号内是对应参数估计量的标准误。R^2 表示回归的判定系数（经均值矫正和未矫正的风险价格回归 R^2 相同）。

最后，当估计了长期收益率的期限溢价后，本文进一步考察了不同因子风险价格对期限溢价的解释能力。这里分别采用了经均值矫正和未矫正的状态参数获得的风险价格作为解释变量，期限溢价作为被解释变量进行线性回归。其中，对短期利率进行样本外推采用式（1），其随机误差来自初始因子 VAR（1）回归残差的自举抽样。某次回归后的结果如表7所示。

结论显示，除了1年期和2年期的未经均值矫正的曲率因子风险价格系数外，其余系数均在1%的水平上显著异于零，且 R^2 随期限而提高，说明期限溢价大部分均可归因于三个因子的风险价格。此外，矫正对不同因子风险价格的贡献产生了很大影响。表7显示，矫正后的水平和曲率因子都对期限溢价存在正显著贡献，而斜率因子贡献为负。而未经矫正参数下，水平因子和曲率因子贡献为负，即承担水平和曲率因子风险的投资者却未能得到正的风险溢价补偿。本文将此谬误归咎于小样本和收益率高度持久性，状态参数估计量对真值的严重偏离所致。而通过参数估计量的均值矫正，回归结果较好地体现了所有因子风险均应得到正的价格补偿的直觉。

五、结论

国债收益率的时间序列特征和截面特征包含市场风险价格和期限溢价等信息。采用简化方法，本文得到了状态转移参数的均值偏差矫正估计量，从而进行了时变性风险价格的有效估计及对其特征的分析。此外，还通过模型对短期利率预期进行外推，从而得到了长期债券期限溢价的估计，并分析了时变性风险价格对期限溢价的解释能力。本文主要结论如下：

首先，三个状态因子都无法拒绝存在单位根的原假设，这确认了利率因子高度持久性特征的存在。实证显示，均值矫正明显改善了持久性度量指标，如转移矩阵最大特征根的半衰期由不足14个月增加到了近44个月。

其次，对状态因子风险价格参数和时变性风险价格序列的估计发现，经均值矫正后的风险价格参数大小、甚至符号都发生了变化。因而矫正更加明确了中债国债市场风险价格序列的基本统计特征，经矫正后的水平因子和曲率因子存在正的定价，而斜率因子存在负的定价。从均值的角度，市场对曲率因子冲击的定价最大，而对水平因子冲击的定价最小；从波动的角度，水平因子冲击的风险市场价格波动性表现为最高。

最后，经均值矫正，实证显示中债国债10年期债券的期限溢价均值平均达到1%，约占长期收益率水平的27.8%。同时，时变性风险价格序列对期限溢价的解释能力随着期限而增加，10年期的拟合优度甚至达到95%以上，且所有因子风险价格都对期限溢价存在正的贡献。这种期限溢价和风险价格的密切关系，将对国债的发行和投资提供有益的建议。

参考文献

［1］王晓芳，郑斌. 期限溢价、超额收益与宏观风险不确定性——基于银行间国债市场的分析［J］. 南开经济研究，2015，23（3）：114－130.

［2］王雪标，王晰，赵前程. 高斯仿射DTSM的HW估计方法与小样本偏差修正［J］. 统计与信息论坛，2018，33（1）：11－18.

［3］吴亮. 基于JSZ正则化的高斯仿射利率期限结构模型研究［J］. 南方金融，2017，48（4）：16－24.

［4］杨镇瑀，施建淮，宁叶. 期限溢价的跨境传递和中美长期利率的联动——基于"非跨越宏观因子"期限结构模型的研究［J］. 金融经济学研究，2017，32（3）：3－13.

［5］ADRIAN T，CRUMP R K，MOENCH E. Pricing the Term Structure with Linear Regressions［J］. Journal of Financial Economics，2013，110（1）：110－138.

［6］ANG A，PIAZZESI，M A. No－Arbitrage Vector Autoregression of Term Structure Dynamics with Macroeconomic and Latent Variables［J］. Journal of Monetary Economics，2003，50（4）：745－787.

［7］BAUER M D. Restrictions on Risk Prices in Dynamic Term Structure Models［J］. Journal of Business & Economic Statistics，2018，36（2）：196－211.

［8］BAUER M D，RUDEBUSCH G D，WU J C，et al. Correcting Estimation Bias in Dynamic Term Structure Models［J］. Journal of Business & Economic Statistics，2012，30（3）：454－467.

［9］BAUER M D. Term Premia and the News［J/OL］. Federal Reserve Bank of San Francisco Working Paper. 2011. https：//core. ac. uk/reader/6659222.

［10］COCHRANE J H，PIAZZESI M. Decomposing The Yield Curve［J/OL］. Working Paper, Chicago Booth. 2008. http：//www. ruf. rice. edu/~jgsfss/cochrane_111408. pdf.

［11］COHEN B H，HORDAHL P，XIA D. Term Premia：Models and Some Stylised Facts［J］. BIS

Quarterly Review, 2018, 35 (9): 1 - 12.

[12] DIEBOLD F X, LI C. Forecasting the Term Structure of Government Bond Yields [J]. Journal of Econometrics, 2006, 130 (2): 337 -364.

[13] DUFFEE G R, STANTON R. Estimation of Dynamic Term Structure Models [J]. Quarterly Journal of Finance, 2012. 2 (2): 1 -51.

[14] DUFFEE G R. Term Premia and Interest Rate Forecasts in Affine Models [J]. The Journal of Finance, 2002, 57 (1): 405 -443.

[15] DUFFIE D, KAN R. A Yield - Factor Model of Interest Rates [J]. Mathematical Finance, 2010, 6 (4): 379 - 406.

[16] HAMILTON J D, WU J C. Identification and Estimation of Gaussian Affine Term Structure Models. Journal of Econometrics, 2012, 168 (2): 315 -331.

[17] Horowitz J L. The Bootstrap [M] // J. J. Heckman and E. E. Leamer, eds. Handbook of Econometrics, 2001: 3159 - 3228.

[18] JOSLIN S, SINGLETON K J, ZHU H. A New Perspective on Gaussian Dynamic Term Structure Models [J]. Review of Financial Studies, 2011. 24 (2): 926 -970.

[19] KIM D, ORPHANIDES A. Term Structure Estimation with Survey Data on Interest Rate Forecasts [J]. Journal of Financial and Quantitative Analysis, 2012, 47 (1): 241 -272.

[20] PIAZZESI M. Affine Term Structure Models [M] // Handbook of Financial Econometrics, At - Sahalia Y., Hansen L. P. (Eds). Elsevier: Amsterdam. 2010: 691 -766.

[21] RIOS A D D L. A New Linear Estimator for Gaussian Dynamic Term Structure Models [J]. Journal of Business & Economic Statistics, 2015, 33 (2): 282 -295.

Market Price of Risk and Term Premium of Treasury Bonds Based on Small - sample Bias Correction: Empirical Evidence from Chinese Treasury Yield Curves

Jihong Kong

(School of Business, Nanjing Normal University, Nanjing, Jiangsu 210023, China)

Abstract: Based on the specification and estimation of the Gaussian affine arbitrage - free term structure model, with the consideration of the small sample bias - corrected of state factors transition parameters in the physical measure, and of the constraint of arbitrage - free, this paper estimates the market price of three risk factors and term premia of long - term yield. There are several empirical conclusions. The first is that the bias - corrected state transition parameter estimator can better capture the persistence of the pricing factor in the Chinese treasury market. Second, on average, the market gives both the level factor risk and the curvature factor risk positive price, while the slope factor price is negative. Among them the pricing of curvature factor risk is the highest, and the risk price of level factor is the smallest with most volatile. In addition, under an

Analysis of the influence of risk Price on term premium, the average term premia of Chinese treasury yields accounts for more than 27.8% of the long-term yield, and the risk prices of the three factors contribute significantly to the term premia.

Keywords: Market price of risk; Bond term premia; Affine term structure model; China treasury yields

寻租、资源错配与社会生产率
——基于 Hsieh – Klenow 模型的理论研究

◎罗吉罡[①]

内容摘要：本文在 Hsieh – Klenow 资源错配模型的基础上，建立了寻租者的决策模型，将资源配置的扭曲内生化，从寻租者行为的角度揭开了"资源错配的黑箱"（Hsieh，2009），阐释了寻租造成资源错配和社会生产率损失的理论机制。得到结论为：（1）寻租对资源配置扭曲的方向和程度取决于寻租者从经济活动中获得的"相对寻租收益"与"相对寻租成本"的对比。当一个项目的"相对寻租收益"超过"相对寻租成本"时，寻租者会对其施加一个正向的扭曲，导致投资过度；当"相对寻租收益"小于"相对寻租成本"时，寻租者会施加一个负向的扭曲，导致投资不足。最终将导致社会整体生产率受损。（2）在有限任期的约束下，寻租者倾向于减少对回报周期长而成本周期短的项目减少投资，导致其资源投入不够，而对回报周期短而成本周期长的项目增加投资，导致其资源投入过度。（3）当多个寻租者负责同一个项目时，每个寻租者都倾向于通过施加扭曲来改变经济活动的结果，以实现个人寻租利益最大，由此产生"政出多门"的现象。本文的贡献在于：从理论机制上描述了寻租行为及其对资源配置的影响，拓展了 Hsieh – Klenow 模型的应用，同时具有政策意义，为建立权责统一、赏罚均等的官员考核评价机制提供了参考。

关键词：寻租；资源错配；生产率；扭曲

一、引言

政府和官员在经济活动中扮演重要角色（Shleifer 和 Vishny，1994）。地方官员作为辖区内政府权力的法定代表，对经济发展具有重要的作用（周黎安，2007；许敬轩等，2019），也必将对资源配置和生产效率产生重要的影响：

---

① 作者简介：罗吉罡，复旦大学经济学院，硕士研究生，研究方向：劳动经济学和宏观经济学。

第一，地方官员有动机对经济活动施加影响。一方面，对地方官员的考核方式以经济发展绩效为主（徐业坤和马光源，2019），经济和产出的增长将转化为官员的政绩，从而构成一个正的激励，使官员有动机为部分利润丰厚的企业（或项目）扩大投资或提供便利；另一方面，在"问责制"下，经济活动中的损失和风险也会对官员的政绩产生负面影响[①]，从而构成一个负向的激励，使官员对可能造成损失或潜在风险的企业（或项目）缩小投资或削减便利。

第二，地方官员有能力对经济活动施加影响。官员掌握着企业发展所需的大量经济资源和行政资源，且拥有资源配置、政策执行等方面广泛的自由裁量权，有能力自主制定经济发展政策、自主发展地方经济（Xu，2011；周黎安，2017；徐业坤和马光源，2019）。

第三，干预将造成资源配置的扭曲。一方面，在有限的任期内，部分官员可能倾向于采取短视的政策手段刺激经济（王贤彬等，2010），通过政绩工程来为自己的晋升之路加码，从而在"面子工程"和"短平快"的项目上投资过度（Liu 等，2015；杨海生等，2014）；另一方面，对于研发投入大、回报周期长、失败风险高的项目，则往往重视程度不够，从而导致投资不足（赵静和郝颖，2014）。

由于政府官员通常不直接从事生产活动，而是通过对生产活动的监督、调控等形式来影响经济，因此学术上通常将官员视为"寻租者"。基于上述背景，本文拟探究如下问题：（1）从寻租者的角度，官员是如何作出寻租决策的，这会对资源配置造成怎样的干预和扭曲？（2）这种扭曲会对社会整体生产率造成怎样的影响？（3）如何激励官员作出科学的决策，将寻租对资源错配的扭曲和生产率的负面影响降到最小？

对于上述问题，本文基于 Hsieh – Klenow 的资源错配模型（2009）进行了理论分析。Hsieh – Klenow 的模型研究了当社会的生产要素资源的总量不变时，资源在不同生产者之间的配置将如何影响社会的整体生产效率。Hsieh – Klenow 模型的特点在于，从微观个体角度入手，探究资源错配下的个体决策，进而通过加总得出资源错配对社会整体生产率的影响，从而建立了一个兼顾宏观视角的资源错配分析框架。而在 Hsieh – Klenow 的基础上，我们引入寻租者的决策问题，从寻租角度讲资源错配内生化，通过对寻租者行为的探讨，进一步揭开资源错配的"黑箱"。

本文得到如下结论：（1）寻租对于资源配置的影响方向和程度取决于寻租者从中获得的"寻租收益"与"寻租成本"的对比；（2）当一个项目的"寻租收益"超过"寻租成本"时，寻租将导致资源过度向其投入，当"寻租收益"小于"寻租成本"时，则导致资源投入不足，只有在二者均等的情况下才不会出现资源错配；特别地，由于官员任期有限，回报周期长而成本周期短[②]的项目，往往面临投资和扶持不足，回报周期短而成本周

[①] 例如，当辖区内出现经济滑坡、大面积企业亏损、安全事故等情况时，地方官员的考核和晋升将被影响，其至被追究责任。

[②] 短期内需要大量投入，但长期才会出现回报的项目。例如，某些科研项目在研发初期需要大量启动资金，但多年后才会看到收益。

期长①的项目，往往面临投资和扶持过度；（3）建立"权责对等"的官员政绩考核机制，有利于降低寻租行为对资源配置的不利影响。

余文安排如下：第二部分，对文献进行简单回顾；第三部分，引入 Hsieh – Klenow 模型，在此基础上发展出本文的理论，描述寻租者的决策过程，分析其对资源配置的扭曲和对社会生产率的影响；第四部分，进一步分析，当资源配置扭曲与个体生产率之间存在相关性时，整体生产率是否会受到额外的损害；第五部分，引入动态模型，分析在任期的约束下，寻租对资源配置的扭曲是否会加剧；第六部分，拓展分析，为何有时会出现"政出多门"的现象；第七部分，总结结论。

二、文献回顾

与本文最相关的文献有两支。一支是关于资源配置，及其在社会生产率发展过程中所扮演的角色。一方面，在资源总量不增长的情况下，资源错配（Misallocation）会对社会的整体生产率造成伤害：聂辉华和贾瑞雪（2011）指出，由于长期以来的政策倾斜，一些效率较低的国有企业获取了过多的资源，降低了整个社会的生产率；蒋为和张龙鹏（2015）发现，由于企业补贴的差异化，制造业的生产率的离散程度加大，资源错配增加；此外，贷款发放中的所有制歧视、垄断等因素也会造成资源的错配和效率的损失（Song, 2011；Brandt 和 Zhu，2013）。另一方面，资源配置效率的改善会促进整体生产率的提升：Hsieh 和 Klenow（2009）指出，如果资源配置达到最理想的水平，中国的生产率将提升86.6%，美国将提升42.9%；Hsieh 等（2019）指出，随着美国就业市场的歧视减少，资源配置效率得到改进，该变化可以解释美国 1960—2010 年市场人均 GDP 增长的 20% ~ 40%；王永钦等（2018）指出，处置僵尸企业有利于提高信贷配置效率，提高企业创新能力；方军雄和于传荣（2020）研究了股票价格、劳动投资效率与经济发展的关系。

另一支是关于寻租者与寻租行为。从 Murphy 等（1991）开始，一些学者将政府官员界定为"寻租者"，即经济活动中从事非生产性活动的人，基于此对寻租者和寻租行为展开了一系列理论和实证上的探讨：Murphy 等（1991）将经济体中的个体分类为企业家和寻租者，研究了个人能力在二者间的分配，及其对经济增长的影响；Dechenaux 等（2015）研究了寻租活动与企业垄断之间的关系，以及由此造成的社会福利损失；王贵东（2015）对制造业企业垄断、企业寻租与经济生产率的关系进行了实证分析；桂林等（2012）从权力寻租的视角，研究了官员规模、公共品供给与社会收入差距之间的关系；李雪莲等（2015）分析了创业者的公务员家庭背景与其寻租动机之间的关系，及其对创业活力的影响。总体而言，目前的文献多认为，寻租作为一种非生产性行为，会造成资源的浪费，对社会生产率形成负面影响，然而，在理论层面，寻租和社会生产率之间的关系尚缺少足够的微观理论基础，因而是一个有待进一步探讨的话题。

---

① 短期内即可带来回报，而成本可摊销到未来的项目。例如，政府负债打造旅游景点，短时间内对官员政绩有利，但未来需要动用政府财政偿还负债。

本文有以下几点创新和意义：（1）选题方面，政府官员行为与资源配置对经济发展的重要意义，在前文已有说明，本文有利于厘清寻租影响资源配置的机制，加深对这一重要问题的理解；（2）理论方面，本文基于寻租的视角，揭开了资源错配的"黑箱"（Hsieh，2009），对 Hsieh – Klenow 模型作出了有益的补充和发展，丰富了该模型在具体问题中的应用，也为资源配置方面的其他分支的文献提供了参考；（3）现实方面，本文对提高官员决策的科学性、提升资源配置效率、促进社会生产率发展等方面的政策制定具有参考和借鉴作用。

三、基本模型

本部分和之后第四、第五、第六部分，均为理论上的分析。其中，本部分建立基础模型，对寻租、资源错配与社会生产率的关系进行基本的论述；第五、第六部分，在基本模型的基础上，分别从企业（项目）生产率和寻租者的视角，对结论进行挖掘和演示；第六部分，利用模型对经济活动中的特定现象进行拓展性探讨。

本部分建立模型，分析寻租者如何作出寻租的决策，以及这如何导致资源配置扭曲和社会生产率损失。首先，本文简单回顾 Span – of – control 范式下的 Hsieh – Klenow 资源错配模型，研究企业家的决策过程；其次，引入本文的理论，研究寻租者的决策过程；最后，对结果进行整合、解释。

（一）企业家决策

参照 Murphy（1991），我们将经济体中的活动者分为两个部门：一是企业家，从事生产性活动；二是寻租者，从事非生产性活动。首先考察企业家的决策，在 Span – of – control Model（Lucas，1978）的框架下，引入 Hsieh – Klenow 的资源错配模型[①]。假设经济体中有 N 个企业（或项目），每个企业（或项目）都对应一个企业家和一个寻租者，记为企业家 i 和寻租者 i。企业家负责组织生产，其目标为企业（或项目）利润最大化；寻租者则对企业（或项目）进行各种非生产性的寻租活动，如发放补贴、征税、审批、提供政府贷款等，其目标为寻租净收益的最大化。每个企业的生产率为 A_i，投入的生产要素为 L_i[②]，生产函数为 Span – of – control 形式：$Y_i = A_i L_i^\alpha$，$0 < \alpha < 1$，其中 α 是 Span – of – control 参数，用于说明要素回报的边际递减特征。生产要素的总量为 L，价格为 w。经济体的总产出为 $Y = \sum_i^N Y_i$，社会的整体生产率为 $A = \dfrac{Y}{L}$。每个企业生产一种同质性的商品，商品价格标准化为 1[③]。每个企业（或项目）都受到一个扭曲 δ_i，$\delta_i \in (0, +\infty)$。企业的利润函数为

[①] Hsieh（2009）的正文中给出的是 Melitz Model 框架下的资源错配模型，Hsieh（2009）的附录中给出的是 Span – of – control 框架下的资源错配模型，二者事实上是对偶的（Melitz，2003；Hsieh，2009）。本文基于后者进行分析，因为 Span – of – control 下的资源错配模型相对简单，容易推导出更直观的经济结论。

[②] 本文只考虑单一要素下的生产。现实中，L 可以是任何生产要素，如劳动力、资本，等等。

[③] 本文不考虑涉及商品需求与价格的一般均衡分析，因此本文对商品价格采用最简化的设定。

$$\prod_i = \delta_i A_i L_i^\alpha - wL_i \tag{1}$$

其中，δ_i 指的是寻租活动给企业（或项目）带来的便利或阻碍，本文称为扭曲。当 $\delta_i > 1$ 时，扭曲是正向的，例如，为企业提供补贴、减税、为项目审批提供便利等。当 $0 < \delta_i < 1$ 时，扭曲是负向的，例如，对企业处以罚金、征税、为项目审批设置障碍等。当 $\delta_i = 1$ 时，不存在扭曲。

企业家在给定生产率和扭曲的条件下，决定投入多少要素以实现利润最大化，即 $L_i = \mathrm{argmax}[\prod_i(L_i)]$，求解得

$$L_i = \left(\frac{\alpha \delta_i A_i}{w}\right)^{\frac{1}{1-\alpha}} \tag{2}$$

定义要素的边际产出为 $MPL_i = \frac{\partial Y_i}{\partial L_i}$，代入式（2）可以算出

$$MPL_i = \frac{w}{\delta_i} \tag{3}$$

由式（3）可知，当不存在扭曲时，经济体中所有企业（或项目）的边际要素产出都是均等的，都满足"边际产出＝边际成本"的投资效率原则。而扭曲会导致边际产出在企业间出现波动：当扭曲为正向时，边际产出小于边际成本，意味着扭曲导致投资过度；当扭曲为负向时，边际产出大于边际成本，意味着扭曲导致投资不足。这就是 Hsieh – Klenow 模型中扭曲导致资源错配的核心原理。

进一步地，由经济体唯一的均衡条件 $L = \sum_i^N L_i$ 可解出要素的价格

$$w = \frac{\alpha}{L^{1-\alpha}}\left(\sum_i^N \delta_i^{\frac{1}{1-\alpha}} A_i^{\frac{1}{1-\alpha}}\right)^{1-\alpha} \tag{4}$$

将式（4）代入社会整体生产率的表达式 $A = \frac{\sum_i^N Y_i}{L}$，那么社会整体生产率可写作

$$A = \frac{\left(\sum_i^N \delta_i^{\frac{1}{1-\alpha}} A_i^{\frac{1}{1-\alpha}}\right)\left(\sum_i^N \delta_i^{\frac{1}{1-\alpha}} A_i^{\frac{1}{1-\alpha}}\right)^{-\alpha}}{L^{1-\alpha}} \tag{5}$$

假设企业生产率 A_i 独立同分布地服从对数正态分布，扭曲 δ_i 也独立同分布地服从对数正态分布，且 A_i 和 δ_i 相互独立。那么可推导出对数化的社会整体生产率的表达式

$$\ln A = E(\ln A_i) + \frac{1}{2(1-\alpha)}\mathrm{var}(\ln A_i) - \frac{\alpha}{2(1-\alpha)}\mathrm{var}(\ln \delta_i) + (1-\alpha)\ln\frac{N}{L} \tag{6}$$

显然，在不存在扭曲的理想状态下，社会整体生产率应为

$$\ln A^* = E(\ln A_i) + \frac{1}{2(1-\alpha)}\mathrm{var}(\ln A_i) + (1-\alpha)\ln\frac{N}{L} \tag{7}$$

相较于式（7），式（6）多了一个负项 $-\frac{\alpha}{2(1-\alpha)}\mathrm{var}(\ln\delta_i)$，这恰恰来自扭曲。扭曲的离散程度越大，则带来的效率损失也越大。综上所述，本文提出：扭曲造成资源错配（更具体地，要素边际产出与边际成本之间出现偏差），进而导致社会整体生产率下降。

（二）寻租者决策

现在引入寻租者的决策问题。假设扭曲 δ_i 完全来自寻租者的决定。寻租者可以通过对

自己所负责的企业（或项目）施加某个方向和程度的扭曲 δ_i，来实现个人寻租利益的最大化。设定寻租者的最优化问题为

$$\max_{\delta_i} \quad \tau_i \equiv b_i Y_i(L_i(\delta_i), \delta_i) - c_i w L_i(\delta_i) \tag{8}$$

其中，$b_i \in (0, +\infty)$ 是寻租者的寻租收益系数①，该系数衡量的是企业（或项目）的产出会在多大程度上转化为寻租者的寻租收益，例如，当企业或项目创收时，负责该企业或项目的寻租者会有更好的政绩，从而更容易获得奖励和晋升。$c_i \in (0, +\infty)$ 是寻租者的寻租成本系数②，该系数衡量的是企业（或项目）的成本会在多大程度上对寻租者的寻租利益造成影响，例如，一个投入了大量成本的项目未能如期创收，则负责该项目的寻租者的政绩会受影响，甚至被追责。τ_i 为寻租利益，代表的是寻租收益减去寻租成本后的净值。

求解了企业家的最优化问题后，再将企业家决定的 L_i 和 Y_i 的表达式代入式（8），则寻租者的最优化问题写为

$$\max_{\delta_i} \quad \tau_i(\delta_i) = (\alpha A_i)^{\frac{1}{1-\alpha}} w^{\frac{-\alpha}{1-\alpha}} \left(\frac{b_i}{\alpha} \delta_i^{\frac{\alpha}{1-\alpha}} - c_i \delta_i^{\frac{1}{1-\alpha}} \right) \tag{9}$$

求解该问题可得

$$\delta_i^* = \frac{b_i}{c_i} \tag{10}$$

式（10）意味着，寻租影响经济活动的方向和程度，取决于寻租收益系数和寻租成本系数之比。当寻租收益系数大于寻租成本系数时，出于政绩的激励，寻租者会对企业（或项目）施加一个正的扭曲，由此导致投资过度；当寻租收益系数小于寻租成本系数时，出于保护政绩的考虑，寻租者会对企业施加一个负的扭曲，从而导致投资不足。当寻租收益等于寻租成本时，寻租者的最优化目标与企业家完全一致，都是利润最大化，此时不会施加扭曲。

该结果有明确的经济意义。一方面，部分官员偏好于短期的政绩工程、"面子工程"，因为这些项目更容易产生"看得见"的政绩③，带给官员的寻租收益超过寻租成本，因而政策资源过度向其倾斜；另一方面，对于短期难见成果的项目，如"地底工程"④、长期科研项目等，部分官员则重视不够，因为这些项目短期难以转化为政绩，且失败风险较大，寻租成本超过了寻租收益。

（三）扭曲与社会整体生产率损失

本部分进一步解释寻租造成生产率损失的原理。整合式（6）、式（7）、式（10），得到

$$\ln\left(\frac{A^*}{A}\right) = \frac{\alpha}{2(1-\alpha)} \text{var}\left(\ln \frac{b_i}{c_i}\right) \tag{11}$$

即，干预造成的社会整体生产率损失，最终取决于两个部分：寻租收益系数和寻租成

---

① 下称：相对的寻租收益。
② 下称：相对的寻租成本。
③ 如频繁翻新市容、大力打造旅游景点，等等。
④ 如地下电缆、下水系统，等等。

本系数。本文分别从如下两个角度对损失的表达式进行分解：

1. 寻租者的异质性。假设 b_i 和 c_i 分别服从对数正态分布，且二者不相关①。则式（11）写作

$$\ln\left(\frac{A^*}{A}\right) = \frac{\alpha}{2(1-\alpha)}[\mathrm{var}(\ln b_i) + \mathrm{var}(\ln c_i)] \tag{12}$$

式（12）意味着，寻租造成的效率损失有两个来源：（1）"赏"不均，即 $\mathrm{var}(\ln b_i)$，具体而言，各个寻租者从自己所负责的项目中获取的寻租收益不均等。（2）"罚"不均，即 $\mathrm{var}(\ln c_i)$，具体而言，各个寻租者从自己所负责的项目中承受的寻租成本不均等。

该结果有明确的经济意义。一方面，寻租收益在不同的寻租者间存在异质性，客观来看，一个项目的成功，往往更容易"归功"于级别更高、政治背景更深厚的官员，主观来看，年轻的官员主观上有更大的晋升动力（吴敏和周黎安，2018）；另一方面，寻租成本在官员间也具有异质性，级别更低、政治背景更浅的官员，更容易成为直接承担责任的对象。而本文的模型表明，官员间的"赏""罚"不均，最终将导致效率损失。

2. 扭曲的异质性。假设 $\delta_i = \frac{b_i}{c_i}$ 服从对数正态分布，进一步地，假设 $E(\ln \delta_i) = 0$。将 δ_i 分为两部分，$\delta^h = \{\delta_i \mid \delta_i > 1\}$，表示所有寻租收益大于寻租成本的扭曲的集合（即正向的扭曲），$\delta^l = \{\delta_i \mid \delta_i < 1\}$，表示所有寻租收益小于寻租成本的扭曲的集合（即负向的扭曲）。②显然，单独来看，δ^h 中的元素服从上截断对数正态分布，δ^l 中的元素服从下截断对数正态分布。截断后得到的两组随机变量 δ^h 和 δ^l 与原随机变量 δ 的数字特征存在如下的关系：

$$\begin{aligned} E(\ln \delta^h) &= E(\ln \delta) + \sqrt{\frac{2}{\pi}} \mathrm{var}(\delta)^{\frac{1}{2}} \\ E(\ln \delta^l) &= E(\ln \delta) - \sqrt{\frac{2}{\pi}} \mathrm{var}(\delta)^{\frac{1}{2}} \end{aligned} \tag{13}$$

整合式（13）、式（6）和式（7），得到

$$\ln\left(\frac{A^*}{A}\right) = \frac{\pi}{16} \frac{\alpha}{1-\alpha} [E(\ln \delta^h) - E(\ln \delta^l)]^2 \tag{14}$$

该结果意味着，从扭曲本身的角度来看，效率损失的来源可分为两部分：一部分来自正向扭曲，$E(\ln \delta^h)$；另一部分来自负向扭曲，$-E(\ln \delta^l)$。前者导致过度投资，后者导致投资不足，二者均使边际产出偏离了边际成本，最终造成效率损失。

综上所述，本部分分析了寻租活动的决策机制，以及寻租导致资源错配和效率损失的原理，得到结论：寻租者基于寻租收益和寻租成本的对比来决定干预经济活动的方向和程度，干预导致资源错配。当寻租收益大于寻租成本时，干预导致过度投资；当寻租收益小于寻租成本时，干预导致投资不足，最终导致社会整体效率损失。

---

① 显然此时 δ_i 也服从对数正态分布，从而满足本文之前的假设。

② 在下文中，本文也把 δ^h 和 δ^l 作为随机变量的记号。

四、进一步分析：寻租与企业生产率的相关性

本部分将分析，当寻租收益系数与寻租成本系数与微观的企业（或项目）生产率之间存在相关性①时，社会的整体生产率会受到怎样的额外的影响。

假设寻租收益系数和寻租成本系数与企业（或项目）生产率之间的关系为：$b_i = M_i^b A_i^{\theta_b}, c_i = M_i^c A_i^{\theta_c}, M_i^b > 0, M_i^c > 0$，$\theta_b$ 与 θ^c 为任意实数。那么 δ_i 可写作

$$\delta_i = M_i A_i^\theta \tag{15}$$

其中，$M_i = \dfrac{M_i^b}{M_i^c}$，$\theta = \theta_b - \theta_c$。由此，扭曲被分解为两部分：与生产率无关的部分为 M_i，假设 M_i 服从对数正态分布函数，且与 A_i 相独立；与生产率相关的部分为 A_i^θ，θ 衡量扭曲与生产率之间的相关性，当 $\theta > 0$ 时，扭曲与生产率正相关，当 $\theta < 0$ 时，扭曲与生产率负相关，θ 绝对值越大，则相关性越强。② 将式（15）代入式（5），可得

$$A = \dfrac{(\sum_i^N M_i^{-\frac{\alpha}{1-\alpha}} A_i^{\frac{1+\alpha\theta}{1-\alpha}})(\sum_i^N M_i^{\frac{1}{1-\alpha}} A_i^{\frac{1+\theta}{1-\alpha}})^{-\alpha}}{L^{1-\alpha}} \tag{16}$$

进而有

$$\ln A = E(\ln A_i) + \dfrac{1}{2(1-\alpha)}[(1-\alpha\theta^2)\mathrm{var}(\ln A_i) - \alpha\mathrm{var}(\ln M_i)] + (1-\alpha)\ln\dfrac{N}{L} \tag{17}$$

不存在资源错配下的社会整体生产率与前文式（7）相同。那么寻租造成的效率损失为

$$\ln\left(\dfrac{A^*}{A}\right) = \dfrac{\alpha}{2(1-\alpha)}\mathrm{var}(\ln M_i) + \dfrac{\alpha\theta^2}{2(1-\alpha)}\mathrm{var}(\ln A_i) \tag{18}$$

其中，$\dfrac{\alpha}{2(1-\alpha)}\mathrm{var}(\ln M_i)$ 是扭曲与生产率无关时带来的效率损失，$\dfrac{\alpha\theta^2}{2(1-\alpha)}\mathrm{var}(\ln A_i)$ 是扭曲与生产率相关时带来的额外的效率损失。可以得出，扭曲与生产率之间存在相关性时，整体的效率的损失会增大。无论正相关还是负相关，只要相关性越高，则额外损失的效率就越多。

该结果印证了大多数文献的观点（李旭超，2017；Bloom，2013；Restuccia 和 Rogerson，2008）。现实中，资源配置扭曲与企业生产率往往存在相关性，例如，国有企业或存在政治关联的企业，生产率通常较低，但却更容易获得资源的倾斜，此时扭曲与生产率成负相关③。本部分利用模型说明了这种相关性对整体生产率的额外伤害。

---

① 进而扭曲也与生产率存在相关性。
② 显然此时 δ_i 也服从对数正态分布，满足本文之前的假设。
③ 进一步地，寻租收益与生产率之间存在相关性的情况在现实中也常出现。例如，在扶贫过程中，生产率低的项目往往更容易获得中央财政补贴（王晓红，2020），此时部分地方官员更容易从低生产率的项目中获取更多寻租收益，便没有足够的动力投资高生产率的项目，则寻租收益与生产率成负相关。

五、动态分析

本部分引入对官员任期的考虑。本文将展示，官员留任的不确定性将如何影响官员的决策，并造成资源错配。本文分别讨论两类项目：回报周期长而成本周期短的项目，回报周期短而成本周期长的项目。

（一）回报周期长而成本周期短的项目

简单起见，本文将短期内需要大量投入，但长期才会出现回报的项目称为"回报周期长而成本周期短的项目"，如科研、教育等。

假设一个项目的总产出是 Y_i，分 T 期（$T \geq 2$）实现，每期实现 $\frac{1}{T}Y_i$，贴现率简单设为1。总成本为 wL_i，所有成本需在第一期一次付清。寻租收益系数和寻租成本系数都为1。企业家和寻租者的决策目标是实现 T 期内的总的个人利益最大化。假设企业家永远不会离任，显然企业家的决策跟前文第二部分的模型完全相同。寻租者每一期都有一定的概率留任或离任。假设在每一期，寻租者都预期自己下一期留任的概率为 P_i。那么寻租者的最优化问题写为

$$\max_{\delta_i} E(\tau_i) \equiv \left[\frac{Y_i(\delta_i)}{T} - wL_i(\delta_i)\right] + \frac{Y_i(\delta_i)}{T}\sum_{t=1}^{T-1} P_i^t \quad (19)$$

进一步地，式（19）可写为

$$\max_{\delta_i} E(\tau_i) \equiv \phi(P_i, T) Y_i(\delta_i) - wL_i(\delta_i) \quad (20)$$

其中，$\phi(P_i, T)$ 是一个折现因子，$\phi(P_i, T) = \frac{1 - P_i^T}{T(1 - P_i)}$。显然，$\phi(P_i, T) \in (\frac{1}{T}, 1)$，该因子可以看作一个小于1的寻租收益系数。进一步易得，$\delta_i = \phi(P_i, T) < 1$，说明寻租者会对项目作出一个负向的扭曲。因此，对于回报周期长而成本周期短的项目，由于未来是否留任的不确定性，寻租者从中获取的预期的寻租收益会被削弱，从而没有足够的激励去扶持和投资这类项目，导致投资不足。

进一步地，考虑社会整体生产率

$$A = \frac{(\sum_i^N \phi(P_i, T)^{\frac{\alpha}{1-\alpha}} A_i^{\frac{1}{1-\alpha}})(\sum_i^N \phi(P_i, T)^{\frac{1}{1-\alpha}} A_i^{\frac{1}{1-\alpha}})^{-\alpha}}{L^{1-\alpha}} \quad (21)$$

简单地，本文假设 $A_i = \bar{A}, \forall i$，且 ϕ_i 与 A_i 相独立。令 $\phi(P_i, T)^{\frac{1}{1-\alpha}} = q_i$，显然 $q_i < 1$，$\forall i$。那么有

$$A = \frac{(\sum_i^N q_i^\alpha)}{(\sum_i^N q_i)^\alpha} \frac{\bar{A}}{L^{1-\alpha}} \quad (22)$$

不存在资源错配时的社会整体生产率为

$$A^* = N^{1-\alpha} \frac{\bar{A}}{L^{1-\alpha}} \quad (23)$$

比较式（22）和式（23），可得 $A \leqslant A^*$（证明过程见附录）。因此，任期的限制导致对回报周期长而成本周期短的项目的投资和扶持不足，最终将损害社会整体生产率。

（二）回报周期短而成本周期长的项目

本文将短期内可带来回报，而成本可分摊到未来的项目称为"回报周期短而成本周期长的项目"，例如，政府负债打造旅游景点，短时间内对官员政绩有利，但未来需要动用政府财政偿还负债。

假设一个项目的总产出是 Y_i，在第一期即可实现全部产出。总成本为 wL_i，成本分 T 期付清，每期需支付 $\frac{1}{T}wL_i$，$T \geqslant 2$。其他假设与上一节完全相同。寻租者的最优化问题写为

$$\max_{\delta_i} E(\tau_i) \equiv [Y_i(\delta_i) - \frac{1}{T}wL_i(\delta_i)] - \frac{1}{T}wL_i(\delta_i)\sum_{t=1}^{T-1}P_i^t \tag{24}$$

进一步地，式（24）可写为

$$\max_{\delta_i} E(\tau_i) \equiv Y_i(\delta_i) - \phi(P_i,T)wL_i(\delta_i) \tag{25}$$

$\phi(P_i,T) \in (\frac{1}{T},1)$，定义与上一部分相同。因此，$\delta_i = \frac{1}{\phi(P_i,T)} > 1$，说明寻租者会对项目作出一个正向的扭曲。因此，对于回报周期短而成本周期长的项目，由于未来是否留任的不确定性，寻租者从中获取的预期的寻租成本会被削弱，导致对其过度的投资和扶持。

运用与上一部分同样的假设和思路，本文可以证明，这种正向的扭曲也会降低社会整体生产率。

综上所述，本部分分析了考虑官员任期时的资源错配情况，结论为：寻租者更容易对回报周期长而成本周期短的项目投资和扶持不足，而对回报周期短而成本周期长的项目投资和扶持过度，最终导致社会整体生产率被损害。

六、拓展："政出多门"的成因

现实中，当多个政府部门或官员负责同一个项目时，有时会出现政令不一、政出多门的现象。本部分用模型来解释，寻租者之间的寻租利益的冲突，是导致"政出多门"的一个原因。

假设对任一个项目 i，都同时有 k 个寻租者进行寻租活动①，记为 $i1,i2,\cdots,ik$。每个寻租者对该项目施加一个扭曲 $\delta_{ij}, j=1,\cdots,k$，总的扭曲为 $\delta_i = \prod_{j=1}^{k}\delta_{ij}$。给定 $\delta_{ij}, j=1,\cdots,k$，企业家的利润最大化问题为

$$\max_{L_i} \prod_i = \prod_{j=1}^{k}\delta_{ij}A_iL_i^\alpha - wL_i \tag{26}$$

---

① 例如，一个项目需要交给多个官员审批。

企业家的决策过程本质上与前文第二部分中的模型完全相同。而对于寻租者来说，每个人需要在给定负责该项目的其他寻租者的扭曲的情况下，确定自己对该项目施加的扭曲，以实现寻租净收益的最大化。因此，负责项目 i 的第 j 个官员的决策问题为

$$\max_{\delta_{ij}} \tau_{ij} = b_{ij}Y_i(\delta_i) - c_{ij}wL_i(\delta_i)$$

$$s.t. \quad \prod_{j=1}^{k}\delta_{ij} = \delta_i \quad (27)$$

$$\delta_{i1},\delta_{i2},\cdots,\delta_{ij-1},\delta_{ij+1},\cdots,\delta_{ik} \ given$$

求解上述问题，可得 $\delta_i = \prod_{j=1}^{k}\delta_{ij} = \frac{b_{ij}}{c_{ij}}$。即，给定了其他寻租者的决策的情况下，第 j 个寻租者会根据个人面临的寻租收益系数和寻租成本系数，选择一个最佳的扭曲 δ_{ij}，使得总扭曲 δ_i 可以实现自己的寻租利益最大化。

当所有寻租者都进行相同的决策时，最终应有 $\delta_i = \frac{b_{i1}}{c_{i1}} = \frac{b_{i2}}{c_{i2}} = \cdots = \frac{b_{ik}}{c_{ik}}$。只有当所有人的寻租收益系数与寻租成本系数之比相等时，这个解才存在，否则，解无法成立。换句话说，当负责同一个项目的多个寻租者之间寻租利益不一致时，经济体将不存在纯纳什均衡。

该结果具有现实意义。当多个政府部门或官员负责同一个项目时，除非所有人都可以达成共同的目标，否则，每个部门或官员都倾向于通过施加扭曲来改变经济活动的结果，以实现自己的寻租利益最大化，由此导致政府部门之间出现分歧，可能产生"政令不一""政出多门"的现象。

七、结论与启示

本文在 Hsieh - Klenow 资源错配模型的基础上，建立了寻租者的决策模型，将资源配置的扭曲内生化，从寻租者行为的角度揭开了资源错配的"黑箱"，分析了寻租造成资源错配和社会生产率损失的机制。结论总结如下：

第一，寻租对经济活动的扭曲方向和程度取决于寻租者从中获得的"相对寻租收益"与"相对寻租成本"的对比。当一个项目的"相对寻租收益"超过"相对寻租成本"时，寻租者会对其施加一个正向的扭曲，导致投资过度；当"相对寻租收益"小于"相对寻租成本"时，寻租者会施加一个负向的扭曲，导致投资不足。

第二，寻租造成扭曲，最终会导致社会生产率受损。原因在于：部分项目被过度投资，边际产出小于边际成本；部分项目投资不足，边际产出大于边际成本。从而违背了边际产出等于边际成本的投资效率原则，造成社会整体生产率下降。

第三，由于任期不是无限的，寻租者对未来是否留任存在不确定性，这会导致：对回报周期长而成本周期短的项目投资和扶持不够，对回报周期短而成本周期长的项目投资和扶持过度。这也是扭曲导致效率损失的一个重要因素。

第四，当多个政府部门或寻租者负责同一个项目时，如果官员之间无法协调一致，那么每个寻租者都倾向于通过施加扭曲来改变经济活动的结果，以实现自己的寻租利益最大化，由此可能产生"政出多门"的现象。

基于上述结果，本文可以得到如下启示：

第一，建立"权责对等""赏罚均等"的官员考核评价体系。一方面，同一个官员的政绩和责任应相对等，过分强调政绩，会激励官员在"面子工程""政绩工程"上过度投资，过分强调责任，会导致官员对一些风险大、成本高的重要项目投入不足。另一方面，对不同的官员应"赏""罚"均等，实现公平考核和竞争。

第二，对回报周期长而成本周期短的项目应予以更多的奖励和扶持；对回报周期短而成本周期长的项目则应适当限制，避免过度扶持和投资。

第三，精兵简政，加强统一协调，避免各个部门各自为政，出现"政出多门"。

附 录

已知 $A = \dfrac{(\sum_i^N q_i^\alpha)}{(\sum_i^N q_i)^\alpha} \dfrac{\bar{A}}{L^{1-\alpha}}$，$A^* = N^{1-\alpha} \dfrac{\bar{A}}{L^{1-\alpha}}$，$0 < q_i < 1, 0 < \alpha < 1$。证明 $A \leq A^*$。

证明：欲证 $A \leq A^*$，只需证 $\dfrac{(\sum_i^N q_i^\alpha)}{(\sum_i^N q_i)^\alpha} \leq N^{1-\alpha}$，等价于求证

$$\dfrac{\dfrac{1}{N}q_1^\alpha + \dfrac{1}{N}q_2^\alpha + \cdots + \dfrac{1}{N}q_N^\alpha}{\left(\dfrac{1}{N}q_1 + \dfrac{1}{N}q_2 + \cdots + \dfrac{1}{N}q_N\right)^\alpha} \leq 1$$

等价于求证

$$\dfrac{1}{N}q_1^\alpha + \dfrac{1}{N}q_2^\alpha + \cdots + \dfrac{1}{N}q_N^\alpha \leq \left(\dfrac{1}{N}q_1 + \dfrac{1}{N}q_2 + \cdots + \dfrac{1}{N}q_N\right)^\alpha$$

令 $f(x) = x^\alpha$，则只需证

$$\dfrac{1}{N}f(q_1) + \dfrac{1}{N}f(q_2) + \cdots + \dfrac{1}{N}f(q_N) \leq f\left(\dfrac{1}{N}q_1 + \dfrac{1}{N}q_2 + \cdots + \dfrac{1}{N}q_N\right)$$

根据 $0 < q_i < 1, 0 < \alpha < 1$，则 $f(x)$ 是 $(0,1)$ 上的凹函数。根据 Jensen 不等式，可证上式成立。因此有 $A \leq A^*$。

参考文献

[1] 方军雄，于传荣. 股价崩盘的积极效应：基于劳动投资效率的发现 [M] //对外经济贸易大学金融学院. 金融科学，北京：中国金融出版社，2020：25 - 48.

[2] 桂林，陈宇峰，尹振东. 官员规模、公共品供给与社会收入差距：权力寻租的视角 [J]. 经济研究，2012，47（9）：140 - 151.

[3] 蒋为，张龙鹏. 补贴差异化的资源误置效应——基于生产率分布视角 [J]. 中国工业经济,

2015 (2): 31-43.

[4] 李旭超, 罗德明, 金祥荣. 资源错置与中国企业规模分布特征 [J]. 中国社会科学, 2017 (2): 25-43.

[5] 李雪莲, 马双, 邓翔. 公务员家庭、创业与寻租动机 [J]. 经济研究, 2015, 50 (5): 89-103.

[6] 聂辉华, 贾瑞雪. 中国制造业企业生产率与资源误置 [J]. 世界经济, 2011 (7): 27-42.

[7] 王贵东. 中国制造业企业的垄断行为: 寻租型还是创新型 [J]. 中国工业经济, 2017 (3): 83-100.

[8] 王贤彬, 徐现祥, 周靖祥. 晋升激励与投资周期——来自中国省级官员的证据 [J]. 中国工业经济, 2010 (12): 16-26.

[9] 王晓红. 精准扶贫视角下提升中国农业保险财政补贴效率研究 [J]. 理论探讨, 2020 (1): 102-107.

[10] 王永钦, 李蔚, 戴芸. 僵尸企业如何影响了企业创新? ——来自中国工业企业的证据 [J]. 经济研究, 2018 (11): 99-114.

[11] 吴敏, 周黎安. 晋升激励与城市建设: 公共品可视性的视角 [J]. 经济研究, 2018 (12): 97-111.

[12] 许敬轩, 王小龙, 何振. 多维绩效考核、中国式政府竞争与地方税收征管 [J]. 经济研究, 2019 (4): 33-48.

[13] 徐业坤, 马光源. 地方官员变更与企业产能过剩 [J]. 经济研究, 2019 (5): 129-145.

[14] 杨海生, 陈少凌, 罗党论, 等. 政策不稳定性与经济增长——来自中国地方官员变更的经验证据 [J]. 管理世界, 2014 (9): 13-28.

[15] 赵静, 郝颖. 政府干预、产权特征与企业投资效率 [J]. 科研管理, 2014 (5): 84-92.

[16] 周黎安. 中国地方官员的晋升锦标赛模式研究 [J]. 经济研究, 2007 (7): 36-50.

[17] 周黎安. 转型中的地方政府: 官员激励与治理 [M]. 上海: 格致出版社, 2017.

[18] Bloom, Nicholas, Benn Eifert, Aprajit Mahajan, David McKenzie, and John Roberts. Does Management Matter? Evidence from India [J]. Quarterly Journal of Economics, 2013, 128 (1): 1-5.

[19] Chang-Tai Hsieh, Erik Hurst, Charles I. Jones, Peter J. Klenow. The Allocation of Talent and U. S. Economic Growth [J]. Econometrica, 2019, 87 (5): 1439-1474.

[20] Chang-Tai Hsieh, Peter J. Klenow. Misallocation and Manufacturing TFP in China and India [J]. Quarterly Journal of Economics, 2009, 124 (4): 1403-1448.

[21] Dechenaux, E., D. Kovenock, and R. M.. Sheremeta. A Survey of Experimental Research on Contests, Allpay Auctions and Tournaments [J]. Experimental Economics, 2015, 18 (4): 609-669.

[22] Liu, Q., W. Luo, and P. G. Rao. The Political Economy of Corporate Tax Avoidance. Proceedings [J]. Annual Conference on Taxation and Minutes of the Annual Meeting of the National Tax Association, 2015, 108: 1-46.

[23] Loren Brandt, Trevor Tombe, Xiaodong Zhu. Factor market distortions across time, space and sectors in China [J]. Review of Economic Dynamics, 2013, 16 (1): 39-58.

[24] Lucas, Robert E., On the Size Distribution of Business Firms [J]. The Bell Journal of Economics, 1978, 9 (2): 508-523.

[25] Marc J. Melitz. The Impact of Trade on Intra-Industry Reallocations and Aggregate Industry Pro-

[26] Murphy, Shleifer and Vishny. The Allocation of Talents: Implications for Growth [J]. Quarterly Journal of Economics, 1991, 106 (2): 503 – 530.

[27] Restuccia, Diego, and Richard Rogerson. Policy Distortions and Aggregate Productivity with Heterogeneous Establishments [J]. Review of Economic Dynamics, 2008, 11 (4): 707 – 720.

[28] Shleifer, A., and R. W. Vishny. Politicians and Firms [J]. Quarterly Journal of Economics, 1994, 109 (4): 995 – 1025.

[29] Xu, C. G., The Fundamental Institutions of China's Reforms and Development [J]. Journal of Economic Literature, 2011, 49 (4): 1076 – 1151.

[30] Zheng Song, Kjetil Storesletten, Fabrizio Zilibotti. Growing Like China [J]. American Economic Review, 2011, 101 (1): 196 – 233.

Rent Seeking, Resource Misallocation, and Productivity: Theoretical Research Based On Hsieh – Klenow Model

Jigang Luo

(*School of Economics, Fudan University, Shanghai* 200433, *China*)

Abstract: Based on Hsieh – Klenow resource allocation model, this paper develops a model for the behaviour of rent seeking. By endogenizing the distortions on resource allocation, we uncover the "black box of resource misallocation" (Hsieh, 2009) from the perspective of rent seeking, and expound the theoretical mechanism of how rent seeking leads to the misallocation of resources and the loss of productivity. The findings are following: Firstly, the direction and extent of distortion that rent seeking imposes on resource allocation depend on the comparison between the "relative rent seeking benefits" and the "relative rent seeking costs" that rent seekers obtain from an economic activity. If the "relative rent seeking benefits" of a project exceed its "relative rent seeking costs", the rent seeker will impose a positive distortion on it, resulting in redundant investment. By contrast, if the "relative rent seeking costs" of a project exceed its "relative rent seeking benefits", the rent seeker will impose a negative distortion on it, causing insufficient investment. Both above misallocation can decrease the total productivity of the society. Secondly, considering the finite term of office, there is the uncertainty whether an rent seeker can stay in office in the future. Thus, officials tend to support the projects with long – term returns and short – term costs insufficiently, but support those with long – term costs and short – term returns excessively. Thirdly, if several government sectors or officials take charge of the same project simultaneously, every official tends to intervene the result of the economic activity, in order that his own rent seeking benefits can be maximized, thus leading to confusion in government orders. The contribution of this paper lies in that we describe the behaviour of rent seeking and its impact on resource allocation theoretically. This paper expands the application of Hsieh – Klenow model, and provides policy implications in terms of establishing a fair and effective official appraisal system.

Keywords: Rent Seeking; Resource Misallocation; Productivity; Distortion

《金融科学》征稿启事

　　《金融科学》系对外经济贸易大学金融学院主办的学术交流平台。以兼容中西的战略思维与严谨求实的学术精神为指导,《金融科学》重点研究中西方金融理论和实践、金融改革、金融市场等领域的前沿问题。

　　编辑部热忱欢迎专家、学者以及广大金融从业人员踊跃投稿。投稿文章应紧密围绕金融领域的重点、难点问题,论证严密,方法科学,并符合相关要求和学术规范。编辑部欢迎基于扎实数据分析与理论模型的高质量稿件,也欢迎有较强思想性同时行文规范的高质量稿件。

作品要求:

　　1. 稿件要求选题新颖、积极健康、表述鲜明、具有一定的学术交流价值。

　　2. 作者确保稿件不涉及保密、署名无争议,文责自负。编辑部有权对来稿进行必要的删改,如不同意删改者,请在投稿时说明。因编辑部工作量较大,请作者自留底稿,恕不退稿。

　　3. 文章标题应简明、确切、概括文章要旨,一般不超过20字,必要时可加副标题。投稿请单附一页,注明作者姓名、性别、出生日期、单位、职称、研究方向,及联系地址、邮编、电话、传真、电子邮箱。如为基金资助项目应加以注明,并提供项目名称和编号。

　　4. 来稿最低不少于8000字。文内计量单位、数字和年代表示等请采用国际标准或按国家规定书写,如有引文请注明出处。

　　5. 编辑部对稿件的初审周期为3个月。通过初审后,编辑部会及时和作者联系(电子邮件)。3个月内编辑部未和作者联系的稿件,作者可自行处理,编辑部不再通知。

　　6.《金融科学》所有文章已被同方知网全文收录。所有投稿论文如被录用,均视为同意在同方知网上刊发;如有特殊要求,请在投稿中标明。

投稿方式:

　　1. 来稿请首选 E-mail,请通过电子邮箱将论文电子版(Word 格式)发送至 jinrongkexue@uibe.edu.cn,并在邮件标题上注明"投稿"字样和作者姓名及文章标题。

　　2. 网上投稿。通过《金融科学》网站投稿,网站为 jrkx.cbpt.cnki.net。

稿费:

　　为激励高质量论文向《金融科学》投稿,编辑部不收取任何审稿费和版面费,所有录用文章将视情况发放高额稿费。

邮寄地址:

　　北京市朝阳区惠新东街10号对外经济贸易大学博学楼710室《金融科学》编辑部,邮编100029。